AF569386

Julia Enxing

Und Gott sah, dass es schlecht war

JULIA ENXING

UND GOTT SAH, DASS ES SCHLECHT WAR

Warum uns der christliche Glaube verpflichtet, die Schöpfung zu bewahren

Kösel

Sollte diese Publikation Links auf Webseiten Dritter enthalten, so übernehmen wir für deren Inhalte keine Haftung, da wir uns diese nicht zu eigen machen, sondern lediglich auf deren Stand zum Zeitpunkt der Erstveröffentlichung verweisen.

Cradle to Cradle Certified® ist eine eingetragene Marke des Cradle to Cradle Products Innovation Institute.

Penguin Random House Verlagsgruppe FSC® N001967

Umschlag: zero-media.net, München
Umschlagmotiv: FinePic®, München
Innenteilabbildung: Віталій Баріда/stock.adobe.com
Satz: Vornehm Mediengestaltung GmbH, München
Druck und Bindung: GGP Media GmbH, Pößneck
Printed in Germany
ISBN 978-3-466-37292-8
www.koesel.de

missachtet
schläft tiernis
in uns:
träumend von
einem spielenden gott
träumend von
freundlichen menschen

Kurt Marti

Inhalt

Wie alles anfing ... 11

1. Was in den Schöpfungserzählungen (nicht) steht: Die Bibel als Grundlage 20

2. Warum wir die Erde (nicht) ausbeuten dürfen: Zu Gast in G*ttes Welt 49

3. Warum früher (nicht) alles besser war: Ökologische Bildung als Herzensbildung 82

4. Warum wir (nicht) mehr Rechte haben als die anderen Geschöpfe: Der Mensch als Teil des Ökosystems 114

5. Warum es so (nicht) weitergehen kann: Unsere generationenübergreifende Verantwortung 143

Dank 175

Anmerkungen 177

Für Lucy

Wie alles anfing …

Vermutlich fing es schon an, bevor es anfing und bevor ich mich daran erinnern kann und es ist auch kein außergewöhnlicher Anfang. Wie im Leben vieler Menschen, die eine Sensibilität für ihre Mitwelt haben, so war auch mir von Anfang an eine große Aufmerksamkeit für Tiere gegeben. Schon als kleines Kind versetzte mich meine Fantasie in Welten, in denen ich in enger Lebensgemeinschaft mit Tieren und Pflanzen lebte: Auf Lebenshöfen[1] mit Tieren all jener Arten, die mir zu diesem Zeitpunkt bekannt waren. Wie im Jesaja'schen Tierfrieden lebten sie hier alle friedlich beisammen, das Schwein beim Löwen, das Pferd beim Panther. Früh forderte ich sehr hartnäckig und sehr zum Widerwillen und Desinteresse meiner menschlichen Bezugspersonen den Besuch von Pferde- und Bauernhöfen, Weiden etc. ein und landete so auch früh bei Pflegepferd, Voltigieren und Co. Als ich acht Jahre alt war, wusste man mein »Gequengel« mit einem Meerschweinchen zu befriedigen, aus »Gerechtigkeitsgründen« bekam mein Bruder ein Zwergkaninchen, welches allerdings bald an mangelnder Zuwendung zu verwahrlosen drohte und deshalb – dem Meerschweinchen gleich – in mein Kinderzimmer einzog. Zwei Käfige, Streu an meinen Socken, in meinen Haaren, an meinem Pullover, Heugeruch, Knabberstangen … das war die kleine Welt von »Miss Biggi«, »Purzel« und mir.

Zum Glück duldeten sich die beiden Nager und teilten so, da die Käfige stets offen standen, das gesamte Kinderzimmer miteinander und mit mir. Ein sehr trauriges Szenario aus heutiger Perspektive.

Wie »Miss Biggi« zu ihrem Namen kam, ist eine eigene Geschichte: Zwar kann ich nicht behaupten, dass mir die Muppet-Show besonders bekannt gewesen wäre, aber irgendwo muss ich sie mal gesehen haben und wusste, dass es dort ein Schwein gab, welches den Namen »Miss Piggy« trug. Wobei, gerade Letzteres wusste ich eben nicht, denn in Hessen aufzuwachsen bedeutete auch, dass »Piggy« stets »Biggi« ist und so beschloss ich, dass das Meerschweinchen »Miss Biggi« heißen solle. Dass es sich bei »Miss Biggi« um ein Männchen handelte, darüber wurden wir zum einen erst beim ersten Tierarztbesuch aufgeklärt, zum anderen erachtete ich auch diesen Umstand nicht als problematisch. Was »Miss« heißen solle und dass es einen Unterschied zwischen »Miss«, gar »Misses«, und »Mister« gibt, war mir damals nicht bekannt. »Purzel« hatte es da etwas einfacher, er war ein »er«, hatte als »kleiner Kerl« einen Namen für einen »er«, der auch bei Erwachsenen keine kognitiven Dissonanzen erzeugte. Beide Tiere wurden sehr alt, noch heute frage ich mich, wie das bei diesen Haltungsbedingungen überhaupt sein konnte. Aber gut, das frage ich mich bei manchen alten Menschen auch ...

Dass Tiere Kinder entscheidend prägen können – nicht immer so positiv wie in meinem Fall –, ist längst bekannt. Als Erwachsene, die sich mit Fragen der Tierethik beschäftigt, denke ich auch mit schlechtem Gewissen an all die »Kinderzimmerinsass*innen«. »Miss Biggi« und »Purzel« sind nur zwei dieser Individuen. Dennoch hat mich die Begegnung mit ihnen und mit »Quai« (dem Hund), »Rondy«

(meinem schwarzen Shetland-Pflegepony) und anderen unglaublich berührt und für Fragen nichtmenschlichen Leids und einer die Grenzen der Spezies überschreitenden Gerechtigkeit sensibilisiert. So sehr sogar, dass ich zwar einerseits sagen kann, dass es egoistisch ist, Tiere zu unseren Gunsten, zu unserer emotionalen Befriedigung und womöglich sogar Unterhaltung, quasi als unsere Gesellschaftler*innen zu »benutzen« oder zu »vernutzen«, und andererseits auch sagen muss, dass ich nicht weiß, ob und wie ich heute wäre, hätte ich die Gemeinschaft mit meinen/diesen Tierfreund*innen nicht erleben dürfen.

Eine meiner intensivsten, frühen Erinnerungen ist diese: Wie fast alle Meerschweinchen, so hatte auch »Miss Biggi« eine Vorliebe für Salziges, weshalb er ein kleines Salzleckstein-Rädchen an den Stangen seines Meerschweinchengefängnisses hatte. Wenn ich als Kind in meinem Zimmer weinte, setzte ich mich jedes Mal ganz dicht vor »Miss Biggi« und beobachtete sein Tun, hörte auf die schier unendliche Vielfalt seiner Quiektöne und schaute in seine tiefschwarzen Knopfaugen. Eines Tages näherte sich mir »Miss Biggi« ganz vorsichtig. Ich lag auf dem Boden, den Kopf auf dem bunten Flickenteppich und »Miss Biggi« kam neugierig angeschlichen, roch an meinem tränennassen Gesicht und fing an, Träne für Träne wegzulecken, den Spuren des Salzes auf der Haut folgend. Erlebt zu haben, wie eine Zunge, die nur so groß ist wie der Fingernagel meines kleinen Fingers, im wahrsten Sinne des Wortes »Tränen trocknet«, hat Spuren in meiner Seele hinterlassen.

Es ging nur kurze Zeit ins Land, bis es mir merkwürdig vorkam, dass Menschen Tiere aßen, dass ich Tiere aß, wo ich doch »Miss Biggi«, »Purzel«, »Rondy«, und den Hund »Quai« auch nicht aß. Da konnte etwas nicht stimmen und diese Unlogik führte dazu, dass ich in meinem achten Lebensjahr entschied, Vegetarierin zu werden. Tiere isst man nicht! Auch 1991 gab es bereits zahlreiche Alternativen (die in Restaurants stets »Gebackener Camembert« lauteten). Seit diesem Tag habe ich kein einziges Stück Fleisch oder Wurst gegessen. Mittlerweile lebe ich weitestgehend vegan und mache lediglich auf Reisen oder wenn ich auswärtig esse und eine Alternative das gesamte Sozialgefüge sprengen würde, eine vegetarische Ausnahme. Nein, ich fühle mich deshalb moralisch nicht überlegen und nein, ich bin auch nicht missionarisch tätig, indem ich dem Gegenüber, während es sein/ihr Schnitzel verdrückt, das erbärmliche, intensiv-verzweifelnde Schreien eines Kälbchens auf der Suche nach seiner Mama vormache. Aber: Ich bin davon überzeugt, dass es längst Zeit ist, den eigenen Konsum (und damit meine ich nicht nur das eigene Essverhalten) kritisch und ehrlich zu überdenken und entsprechend des Ergebnisses konsequent zu handeln. Dass dies nicht für alle möglich ist und dass ein gewisser Grad an »Sättigung« – auch im übertragenen Sinne – die Voraussetzung für ein Nachdenken über das eigene Leben ist, darüber bin ich mir bewusst. Wer täglich neu fürs »Überleben« kämpft, der kann nicht in gleichem Maße »über Leben« nachdenken wie andere. Sich tierleidfrei zu ernähren ist allerdings kein neumodischer Kram und auch nicht (nur) Thema der LOHAS und Hipster vom Prenzlauer Berg. Es ist kein Luxusproblem, sondern in anderen Regionen unseres Globus seit tausenden von Jahren religiös-kulturell verankert wie beispielsweise in einigen vedischen Traditionen.

Es ist kein Zufall, dass ich gleich zu Beginn des Buches auf das Thema »Essen« zu sprechen komme. Ich habe bisher kaum eine Diskussion, kaum einen Vortrag, eine Vorlesung oder Seminarsitzung, ein Interview oder eine Publikation erlebt, die sich einigermaßen konkret und lebensnah mit Fragen von Nachhaltigkeit, Ökologie, Mitwelt auseinandersetzt und nicht rasch auf dieses Thema kommt. Das ist insofern auch absolut einleuchtend, da dies der Bereich der eigenen Lebensführung ist, den wir zum einen immer wieder neu und dies gleich mehrfach täglich, zum anderen recht einfach ändern können. Hinzu kommt, dass es natürlich einleuchtend ist, dass wir mit Blick auf die globale Ernährungssicherheit und die Reduktion von Wasserverbrauch und CO_2-Ausstoß verstehen, dass mit einer Ernährungsumstellung auf eine pflanzenbasierte Nahrung jede*r von uns ab heute, ab jetzt einen Beitrag leisten kann. Vom Tierwohl und Tierleid braucht man hier noch gar nicht zu sprechen und kommt bereits mit einer sehr vertrauten – da radikal anthropozentrischen – Perspektive zu dem Punkt, dass die biblische Schöpfungserzählung wohl recht hatte, als sie uns die Pflanzen, Blätter und Samen zur Nahrung gab und damit zum Ausdruck brachte, dass, wer sich daran halte, ein Leben in Fülle für alle ermöglichen könne.

Mein kindlicher Entschluss, Vegetarierin zu sein, war ein Ausdruck dessen, dass ich merkte, dass irgendetwas nicht stimmt. Dass diese Tiere, an deren Leben ich teilnahm, uns ausgeliefert waren und wir es waren, die ihr Schicksal besiegelten. Was haben sie uns getan, dass wir so über sie entscheiden? Dass wir entscheiden, dass die einen gegessen, die anderen gepierct werden, dass die einen geritten und die anderen geschlachtet werden? Warum eigentlich und weshalb können wir uns so wenig an ihrem Leben selbst erfreuen, weshalb hängt ihr Dasein von ihrem Zweck für uns ab? Wie kann ich ihnen helfen, ein schöneres Leben zu führen? So entwuchs sehr früh bei mir der Wunsch, Tierärztin werden zu wollen. Ein ambivalenter Wunsch: Einerseits verband ich damit das gute Gefühl »helfen zu können«, andererseits wollte ich damit meiner schier unstillbaren Sehnsucht nach einer Nähe zu Tieren und dem Sein in der Natur begegnen. Würde ich Tierärztin, so dachte ich, könnte ich Tag und Nacht mit Tieren zusammen sein. An jedem Tag der Woche könnte ich auf Höfe fahren (wie der Tierarzt, bei dem ich in meiner Schulzeit sehr regelmäßig »mitfuhr«), ich könnte nachts Dienst in Ställen haben, in denen es nach Kühen, Pferden, Eseln, Schweinen duftet. Ihre Wärme und ihre Nähe würden mich durch meine Tage tragen und ich wäre auch noch diejenige, die ihnen helfen könnte. Ein kindlicher Traum mit zweifelhaften Beweggründen, der mich spätestens mit Beginn meines Veterinärmedizin-Studiums derart hart auf dem Boden der Mediziner*innentatsachen aufschlagen ließ, dass er schneller ausgeträumt war als mir lieb war. Zwar habe ich meine romantische Vorstellung vom Tierärzt*innen-Sein bis heute nicht ganz abgelegt (daran ist vor allem meine Freundin Anja schuld, die vor Jahren nach Irland ausgewandert ist und die ich seither jährlich für eine gewisse Zeit begleite, meist zur Lammungs- und Kalbungssaison ...), das Studium selbst kam meiner freigeistigen Haltung, meinem Wunsch nach individueller Gestaltung meines Studiums, dem Setzen eigener Schwerpunkte und dem permanenten Hinterfragen nicht gerade entgegen.

So bin ich also bei der Theologie und Philosophie gelandet. Für mich die naheliegendste Alternative, wenn man sich gerne mit den »großen Fragen« beschäftigt, einen Beitrag zu einem guten Miteinander leisten möchte, selbst die kleinsten Lebewesen dabei nicht aus dem Blick verlieren möchte, Visionen nicht (per se) für pathologisch erklärt, sondern es geradezu als notwendig erachtet, »Narrationen« von einem gerechteren Leben zu entwerfen. Immer wieder in Erinnerung zu rufen, dass es nicht nur – aber oft genug – auf *uns* ankommt, dass wir Teil eines großen Ganzen sind, dass das hier nicht alles sein kann und dass, wenn das Reich G*ttes wirklich schon unter uns (wenn auch noch nicht vollendet) ist, wir dies doch deutlich spüren und an selbigem mitwirken müssen, unsere eigene Schaffenskraft zugunsten einer Vielfalt der Schöpfung und eines guten Lebens einsetzen müssen, in der Gewissheit, dass auch wir unser Leben nicht uns selbst verdanken, Gast auf dieser Erde sind und weder mit Besitz kommen noch mit Besitz gehen. Dass ich also von der Tiermedizin zur Theologie gewechselt habe, war für mich das Schlüssigste überhaupt. Für Außenstehende wirkt das wohl schräg; zumindest wurde ich bislang in jedem Radio- oder Zeitungsinterview und auch bei jedem Vorstellungs- und Bewerbungsgespräch in meinem Leben auf diesen »merkwürdigen« Schritt angesprochen.

Heute teile ich mein Leben noch immer mit Tieren, genauer gesagt mit einem Tier, meiner Freundin und Gefährtin Lucy, einer Hündin. Meine seit frühster Kindheit bestehenden Träume eines Landlebens, in einem »Mehrgenerationen-Multispezies-Co-Habitat«, in dem ich mehr Zeit barfuß oder mit Gummistiefeln draußen als mit Blazer, gestärkter Bluse und Bundfaltenhose in Büros und an Schreibtischen, in Tagungshäusern, Bibliotheken und Hörsälen verbringe, werden wohl den Status eines Traumes nicht mehr verlassen. Dennoch sind es gerade diese

Träume sowie meine täglichen Begegnungen mit unseren tierlichen Verwandten (seien es physische oder literarische Begegnungen), die sowohl meine theologische Aufmerksamkeit für »die Schöpfung« prägen als auch mir die Kraft zum Leben geben. In den tierlichen Begegnungen, im unmittelbaren Kontakt mit »Flora und Fauna« – kurzum: draußen – begegnet mir eine Lebenskraft, die ich nicht anders beschreiben kann als die Stimme und der Körper G*ttes.

Und dann werde ich, werden wir, Zeug*innen dieser Stimme G*ttes und des Körpers G*ttes und zugleich Zeug*innen des Verstummens und Verfalls der Erde, wie sie einst für gut befunden wurde. Ich frage mich, wie eine G*ttheit, die die eine Lebenswelt für alle Geschöpfe erschaffen hat, die das Leben selbst ins Dasein brachte und mit Lebenswillen ausstattete, eine G*ttheit, die die Fülle des Lebens für alle bereitet hat und ihnen ihren Lebensraum zugewiesen hat, wie diese G*ttheit es aushalten kann, dass täglich 150 Arten ausgelöscht, ermordet werden. Dass 4340 Fußballfelder Regenwald pro Tag gefällt werden, die Polarkappen schmelzen und wir in SUVs durch die Megacitys fahren, schlechte Laune und Bad Vibes durch das Buchen einer Kreuzfahrt überwinden, und viele, so viele Mitgeschöpfe töten, weil sie uns schmecken. Einfach so. Weil wir sie lecker finden. Weil wir Lederjacken sexy finden. Weil wir halt gerne in den Urwald reisen und weil Tropenholz irgendwie weltmännisch wirkt. Was muss das für eine G*ttheit sein, die ihren Bund mit uns dennoch hält? Was muss das für ein G*tt sein, der das alles aushält und die Welt nicht aufgibt? Was muss das für eine G*ttheit sein, die uns einst den Garten Eden bereitete und nun schier unendlich große Berge an Müll auf dem gesamten

Planeten vorfindet? Was bedeutet es, wenn jener G*tt, der einst alles für gut befunden hatte, in unsere Plastikmeere schaut?

Und G*tt sah, dass es schlecht war.

1
Was in den Schöpfungserzählungen (nicht) steht:
Die Bibel als Grundlage

»Theologie« selbst bedeutet »Rede von G*tt«[2] oder auch »Lehre von G*tt«. Wer sich also mit Schöpfungstheologie beschäftig, fragt danach, was uns »die Schöpfung« über G*tt sagt, oder auch, was uns G*tt »in der Schöpfung« sagt. Es geht darum zu verstehen, welche Lehre von G*tt sich in der Schöpfung verbirgt und was G*tt uns mit und durch das Geschaffen-Sein lehrt. Schöpfungstheologie selbst geht G*tt in der Schöpfung auf die Spur, erkundet das G*ttliche in den Geschöpfen. »Schöpfung« ist natürlich kein neutraler Begriff, sondern setzt voraus, dass es ein schöpferisches Wesen gibt. Begriffe wie »Natur« sagen noch nichts darüber aus, wem ich diese »Natur« zu verdanken habe, woher sie kommt und ob es in ihr höhere Ziele oder einen tiefen Sinn zu entdecken gibt. Bezeichnet man jene »Natur« (was auch immer damit gemeint sein könnte) jedoch als »Schöpfung«, dann bettet man sie in einen größeren Zusammenhang ein, artikuliert, dass hinter ihr (oder in ihr) ein*e Schöpfer*in steckt. Schöpfungstheologien geht es nicht darum, eine Existenz dieses Schöpfers oder dieser Schöpferin zu »beweisen« – dies wäre ohnehin ein aussichtsloses Unterfangen; vielmehr gehen sie bereits davon aus, dass es eine höhere Kraft gibt, die mit dem, was wir als »Welt« oder »Leben« bezeichnen, in einem Zusammenhang steht. Damit werden ein Sinnzusammenhang und eine tiefere Dimension, auch eine im wahrsten Sinne des Wortes über-irdische Dimension, bereits anerkannt.

Woher speist sich eine Theologie der Schöpfung? Was sind ihre Grundlagen?

Zur Schöpfung gehört zunächst und vor allem »die Schöpfung« selbst, das heißt alles, was geschaffen ist, was da ist, was wir vorfinden oder was wir erahnen, zu dem wir aber unter Umständen, und womöglich zu dessen Glück, noch nicht vorgedrungen sind, das wir uns noch nicht bekannt gemacht haben. Alles, was da ist, was einst existierte oder existieren wird, bezeichnen Theolog*innen als »Schöpfung«. Dahinter verbirgt sich die Überzeugung, dass es eine schaffende Kraft gibt, die Ursache dafür ist, dass etwas ins Dasein gelockt wurde und am Dasein erhalten wird. Das heißt nicht unbedingt, dass alles, was existiert, von einem g*ttlichen Wesen genau so gewollt ist, dass das »Wie« des Existierens so von G*tt gewollt ist. *Dass* etwas ist – für uns gesprochen: *dass* es uns gibt –, ist von G*tt gewollt. Das heißt aber nicht, dass alles, was wir tun und wie wir leben, von G*tt bestimmt oder so gewollt ist.

Neben der Schöpfung an sich gibt es natürlich noch die Zeugnisse von Theolog*innen, die die Schöpfung interpretieren, deuten und ihr so einen bestimmten Sinn verleihen oder für diesen argumentieren. Diese Interpretationen machen die Schöpfungstheologie ebenfalls aus, genauso wie natürlich – und dies zumindest lange Zeit in erster Linie – die biblischen Texte.

Was uns die Bibel über die Schöpfung erzählt

Am prominentesten sind sicherlich die beiden Schöpfungserzählungen aus dem ersten Buch der Bibel, dem Buch Genesis. »Genesis« bedeutet übersetzt »Geburt«, »Anfang« oder auch »Entstehung«. »Genesis«, so lautet das erste Wort der Septuaginta, der griechischen Übersetzung des ersten Buches der hebräischen Bibel. Nicht nur das Ins-Dasein-Kommen der Erde und ihrer Bewohner*innen, der Erdlinge, wird hier beschrieben, sondern des gesamten Universums, auch die Sterne am Himmel, die Wasser und Pflanzen finden Erwähnung.

Während die Bibel an zahlreichen Stellen – meist im Alten Testament – auf die Entstehung der Welt eingeht, sind die Schöpfungserzählungen aus dem Buch Genesis zweifelsohne die bekanntesten. Das Geniale an ihnen ist, dass es zwei sind. Denn hier wird bereits deutlich: selbst diejenigen, die den biblischen Kanon zusammengestellt haben, das heißt diejenigen Menschen, die entschieden haben, welche Texte Teil der »Heiligen Schrift« werden und damit eine besondere Autorität und Verbindlichkeit für Jüd*innen und Christ*innen haben, wollten sich nicht auf eine Ursprungserzählung festlegen. Zwei unterschiedliche Geschichten stehen unmittelbar hintereinander, und dies ohne weitere Erklärung. Zwei mögliche Ursprungszenarien werden so gezeichnet, das eine so wahr wie das andere, beide beleuchten die Entstehung der Welt aus unterschiedlichen Perspektiven.

Es sind Erzählungen, keine Berichte. Bei einem Bericht gibt es Zeug*innen, die bestätigen, dass sich etwas genau so ereignet hat – denken Sie zum Beispiel an einen Unfallbericht. Dass es sich bei den Schöpfungserzählungen schon deshalb nicht um einen Bericht handeln kann, wird allein daran klar, dass der Mensch sich selbst jeweils erst spät in den »Plot« des Geschehens setzt. In der ersten (Gen 1,1–2,4a) biblischen Erzählung ist es der Nachmittag des sechsten Tages (Gen 1,26–27) (also kurz vor knapp) von insgesamt sechs symbolischen (!) Schöpfungstagen und in dem zweiten (Gen 2,4b–2,25) Text bringen die Schreibenden sich selbst erst dann in Szene, wenn der Ackerboden bereits gewässert ist (Gen 2,7) beziehungsweise nachdem der erste Mensch, Pflanzen und Tiere schon geschaffen wurden (Gen 2,22). Für beide Erzählungen ist es entscheidend, dass der Mensch selbst als »Spät-Erschaffener« damit aber auch aussagt, dass dieser gar nicht dabei war, als die nichtmenschliche Schöpfung ins Dasein gerufen wurde. Der Mensch findet diese vor, findet (alles) Leben bereits vor.

Insofern wird deutlich, dass es sich nicht um einen »Bericht« handeln kann. Ein Schöpfungsbericht würde Zeug*innen voraussetzen, dass der- oder diejenige, der oder die den Text aufschreibt, dabei war. Solche Zeug*innen gibt es allerdings nicht – mal abgesehen von G*tt selbst. G*tt hat die Heilige Schrift aber nicht geschrieben, sondern höchstens die Schreibenden hierzu inspiriert. Zudem: Würde es sich tatsächlich um Berichte handeln, hätten wir ein Problem: Welcher Bericht ist der richtige? Es kann nicht zwei richtige Tatsachenberichte geben, einer der Schöpfungsberichte müsste also falsch sein, es stünde ein falscher Bericht in der Bibel. Wie gut, dass es sich nicht um Berichte, sondern um Erzählungen handelt, und wie gut, dass der Horizont schon durch die Pluralität der Erzählungen geweitet ist. Statt um Berichte handelt es sich um Ursprungserzählungen. Was ist der Anspruch dieser, was wollen, was können die Erzählungen vom Anfang aller Dinge leisten?

Wer schrieb wann am Buch Genesis mit?

Die alttestamentliche Forschung des 20. Jahrhunderts ging davon aus, dass die zweite Schöpfungserzählung (Gen 2,4b–2,25) die entstehungsgeschichtlich ältere sei.[3] Man datierte sie lange Zeit in das Jahr 900 v. Chr. und rechnete sie damit den sogenannten »jahwistischen« Texten zu. Einige Passagen ließen allerdings schon damals auf spätere Einfügungen schließen. Die aktuellen Bibelwissenschaftler*innen datieren den Text deutlich später:[4] entweder noch in die vorexilische Zeit (7. Jh. v. Chr.), der sogenannten »Priesterschrift« vorausgehend,[5] oder als Fortschreibung der Priesterschrift in die nachexilische Zeit.[6]

Bei der ersten der beiden Erzählungen handelt es sich um eine Schrift, die wohl in exilischer bis nachexilischer Zeit, das heißt ca. 600 v. Chr. entstanden ist. Die Forschung ordnet sie meist der sogenannten (und nicht unumstrittenen) »Priesterschrift« zu.[7] Während das Volk Israel, das Judentum, im Exil ausharrte, entwurzelt war und umgeben von Menschen, die von der Existenz anderer G*ttheiten überzeugt waren, dementsprechend eigene Rituale, Bräuche, Alltagsroutinen und G*ttesdienste feierten und pflegten, war es darauf bedacht, seine eigene religiöse Identität zu stärken, sich selbst zu versichern und immer wieder zu vergewissern, dass ihr monotheistischer Glaube der richtige ist. Die Frage nach den Wurzeln dieses Glaubens liegt da auf der Hand.

Wir können davon ausgehen, dass schon weit vor der griechischen Antike, genau genommen seit es Menschen gibt, diese auf der Suche nach ihrem Ursprung und nach dem Ursprung der Welt sind, sich fragen, woher sie kommen, wozu sie da sind und wohin sie gehen (sollen). So kommt es, dass die biblischen Schöpfungserzählungen keinesfalls die ersten oder gar einzigen sind, die beschreiben, wie sich Menschen den einstigen Ursprung allen Seins vorgestellt haben. Etliche Motive bereits vorliegender Schöpfungsmythen, wie aus dem altorientalischen »Gilgamesch Epos« bekannt, wurden in den Erzählungen der Bibel aufgegriffen. Darunter sind beliebte Motive wie jene eines königlich-herrschaftlichen Gartens, des Lebensbaums, die Vorstellung der Flüsse, Bäume und Früchte, aber auch die Entstehung des Menschen. Während die Motive der biblischen Texte so originell also gar nicht sind, ist es der darin zum Ausdruck gebrachte Glaube an *einen* G*tt als Schaffenskraft aller Existenzen durchaus. Nichtjüdische Schöpfungserzählungen kennen die Vorstellung konkurrierender G*ttheiten oder gar mehrerer, an der Entstehung der Dinge beteiligter G*tter (gute wie schlechte). Das identitätsstiftende Merkmal der jüdischen Schöpfungserzählung liegt in der Überzeugung, dass es nur eine G*ttheit gibt und diese für die Entstehung des Lebens ursprünglich und – so zumindest die Überzeugung vieler – auch fortwährend verantwortlich ist.

Mit Blick auf die ersten beiden biblischen Schöpfungserzählungen können wir also festhalten, dass wir uns ungefähr im Jahr 900 bis 600 v. Chr. befinden. Über die Autoren möchte ich an dieser Stelle nur so viel sagen: es handelt sich um unterschiedliche Schreibende, um ein Autorenkollektiv, vermutlich waren es – aufgrund der damaligen gesellschaftlichen Umstände – männliche Schreibende. Die Schöpfungserzählungen im Buch Genesis sind also eine Komposition unterschiedlicher Textstücke, die über hunderte von Jahren verfasst wurden.

Den Anfang der Dinge erklären

Heute nehmen wir an, dass das Leben in einem Milieu, wie es vor etwa vier Milliarden Jahren auf der Erde herrschte, entstanden ist. Erste primitive Wirbeltiere gab es vermutlich seit circa 540 Millionen Jahren, den ersten Homo sapiens vor circa 300 000 bis 200 000 Jahren.[8] Angesichts dieser Zeitspanne ist der Mensch ein junges Gewächs. Würde man die Entstehung der Welt anhand eines Tages abbilden, so würde der Mensch erst zwei Minuten vor Mitternacht auftauchen.[9] Im ersten Jahrtausend v. Chr. überlegten sich also g*ttlich inspirierte Menschen, wie es wohl einst dazu kam, dass die Welt entstanden ist. Wichtig ist hierbei zu beachten, dass das, was diese Autoren kennen, ihr Umfeld und ihre Lebenswirklichkeit im Jahre 900–600 v. Chr. im vorderasiatischen Raum ist: Gesellschaftlich, kulturell, sozial und politisch bedeutet dies eine durch und durch patriarchale Gesellschaft, deren Vorstand ein König bildet, ein in der Regel männlicher Alleinherrscher; vegetativ bedeutet dies eine Wüstenregion, die sowohl Dürreperioden als auch fruchtbare Oasen kennt. Allerdings hatten nur Könige zur damaligen Zeit einen Garten; sie waren es, die sich finanziell und infrastrukturell ein Bewässerungssystem leisten konnten, einen Garten also zum Lustwandeln und zur Inspiration. Die den Autoren bekannte ökologische Vielfalt, die Pflanzen und die Tiere sind sicher nicht mit dem zu vergleichen, was wir heute – mitunter aufgrund von Fernreisen, Dokumentationsbänden oder -filmen – kennen. Man nennt dieses Ansinnen, zu einer späteren Zeit einen Ursprungszustand zu imaginieren und von diesem her einen Erklärungsansatz dafür zu liefern, weshalb die Dinge so sind, wie sie sind, »ätiologisches Erklärmuster«. »Ätios«, ist das griechische Wort für »Ursprung«. Hier soll also der Ursprung erklärt werden, eine Mustererzählung entwickelt werden, nicht, um einen Tatsachenbericht abzulegen, so, als wäre man selbst dabei gewesen, sondern um eine Interpretation der aktuellen Zustände zu liefern, die das Leben erklären könnte. Eine Erzählung vom Anfang also.

Wie aus Chaos Kosmos wurde

Besonders spannend sind dabei folgende Aspekte: Zum einen die Tatsache, dass der Anfang selbst im Chaos besteht. Am Anfang, so sind sich beide Schöpfungserzählungen einig, war Chaos. Tohuwabohu, Urflut, Urschleim, Wasser, ein Wirrwarr, ein Durcheinander von ... wovon eigentlich? Vielleicht könnte man sagen »von Energien« – einige davon Materie. Es gab also am Anfang etwas und über diesem schwebte G*ttes Geist (Gen 1,2). G*ttes Geist, G*ttes Präsenz und das Chaos gehören von Anfang an zusammen. Es gab kein Nichts, aus dem alles wurde, keine Zeit vor G*tt und keine Zeit vor dem Chaos, sondern G*tt und die Energie existierten zusammen. Aus dieser Energie, diesen Strebekräften, entstand das, was die Menschen des ersten

Jahrtausends vor Christus also in einer wesentlich geordneteren Form vorfanden. Denn: Aus Chaos wurde dank des Wirkens der Geistkraft Kosmos. Kosmos bedeutet »Ordnung«. Die römisch-katholische Lehre hält bis heute an der Überzeugung fest, dass die Welt aus dem Nichts entstanden ist und bezeichnet dies als »creatio ex nihilo«, »Schaffung aus dem Nichts«. Dieses »Nichts«, so kritisieren manche Theolog*innen, ist aber nicht nur schwer vorstellbar (das allein wäre wohl noch kein gutes Gegenargument), sondern kommt im biblischen Text so nicht vor. Dort steht nun mal nicht: »Am Anfang war Nichts und G*tt schuf dann Himmel und Erde«, sondern »Bei Beginn hat G*tt Himmel und Erde geschaffen.« (Gen 1,1)[10] Und weiter heißt es: »Da war die Erde Chaos und Wüste. Dunkelheit war da angesichts der Urflut, und G*ttes Geistkraft bewegte sich angesichts der Wasser.«

Chaos, hebräisch »Tohuwabohu«, herrschte also am Anfang. Theolog*innen wie die US-amerikanische Catherine Keller argumentieren daher dafür, dass man genau genommen von einer »creatio ex profundis« bzw. einer »creatio ex tehom«, also einer »Schöpfung aus der Tiefe« bzw. »den Tiefen« sprechen müsste, denn dies entspräche dem biblischen Text eher. Sie mutmaßt, dass es unserer Psyche allerdings einfach besser gefalle, dass wir aus dem Nichts entstanden sind. Zwar können wir uns dieses Nichts einerseits gar nicht vorstellen, andererseits irgendwie doch und assoziieren es stets mit etwas »Reinem«, »Weißem«. Die Vorstellung, wir kommen aus dem Schleim, aus etwas Organischem, Erdigem, sind kreative Auswüchse aus einer ursprünglich chaotischen Situation, einem wabernden dunklen Urschleim – das gefalle uns so gar nicht. Vor Schleim gruseln wir uns, Dunkles, so wurde uns antrainiert, ruft Abwehrreaktionen hervor, und Chaos? Nein, danke. Für diese Scheu, sich den wabernden Urschleim als Ursprung dieser genialen Spezies »Mensch« vorzustellen, hat Keller das Wort »Tehomophobie« kreiert. Natürlich ist es kein Zufall, dass hier die Wörter »Tehom« (»Tiefe«) und »Homophobie« drinstecken. Sie ruft die Theologie zur Gegenbewegung der »Tehomophilie« auf.[11]

Mir geht es an dieser Stelle nicht darum, das kirchliche Lehramt in seiner Position zu widerlegen (als könnte ich das); mir geht es darum, die Engführung auf ein mögliches Ursprungsszenario, das wir nicht kennen, von dem wir aber meinen, behaupten zu können, es wäre mit »ex nihilo« treffend beschrieben, aufzubrechen und weitere und alternative Deutungsmöglichkeiten anzubieten – stets als Diskurs- und Diskussionsgrundlage, nie als Definition.

Der Mensch also, das junge Gewächs

Ein weiterer Aspekt ist höchst interessant, nämlich jener bereits erwähnte, dass der Mensch sich selbst erst sehr spät – beim ersten Schöpfungsmythos sogar als letztes Schöpfungswerk – in die Geschichte integriert. Das heißt: Nicht nur ist der Mensch rein evolutionstheoretisch ein sehr spätes Ergebnis der Entwicklung, der Mensch selbst trägt dieser Tatsache sogar in der Erzählung der Entstehung der Dinge Rechnung, womit er gleichzeitig aber auch behauptet, dass er nicht dabei war, als der Himmel und die Erde, die Sterne und die Wasser, die Tiere des Wassers, des Landes und der Lüfte entstanden sind. Er selbst, der Mensch selbst, schreibt sich die Rolle zu, nicht dabei gewesen zu sein. Wie, so frage ich daher, kann der Mensch, der sogar im biblischen Text weiß, was er nicht weiß, wissen, dass am Anfang das Nichts war?

Massenmörder*innen statt Krone der Schöpfung?

Anders als häufig behauptet, sind die Schöpfungserzählungen im Buch Genesis viel demütiger, als ihre Rezeptionsgeschichte nahelegt.

In der ersten Schöpfungserzählung setzen die Autoren des Textes den Menschen am Nachmittag des sechsten Tages ein (Gen 1,26–27). Alles andere Leben war vor den Menschen entstanden – eine aus ökologischen und evolutionstheoretischen Annahmen absolut plausible Vorstellung. Der Mensch ist dasjenige Wesen, welches am stärksten von allem anderen Leben abhängig, sogar auf es angewiesen ist. Selbstverständlich musste das Wasser vor uns geschaffen werden, die Bäume, ohne die wir keine Luft zum Atmen hätten, die Tiere, die Vegetation der Grünpflanzen, die ihnen und uns wiederum zur Nahrung gegeben sind ... all sie sind es, die unser Leben erst ermöglichen. In ihre Lebenszusammenhänge werden wir hineingeboren, hineingesetzt, das Vorfindliche zu achten und diesen Lebensraum mit ihnen zu teilen. Sie alle, die nichtmenschlichen Lebewesen, haben daher auch vor uns den Auftrag erhalten, fruchtbar zu sein und sich zu vermehren: Gewächse sollen Samen aussäen und sprießen (Gen 1,11–12). »Die Wasser sollen nur so wimmeln von lebenden Wesen« (Gen 1,20) und die Vögel sollen den Himmel bevölkern (Gen 1,21).

Auch wir Menschen haben den Auftrag erhalten, fruchtbar zu sein und uns zu vermehren (Gen 1,28). Allerdings erhielten wir diesen – laut Schöpfungserzählung – nicht losgelöst von den anderen. Im Gegenteil, *alle anderen* Lebewesen wurden vor uns gesegnet, das heißt für gut befunden und ihnen wurde *vor uns* aufgetragen, sich zu vermehren. So heißt es beispielsweise in Gen 1,21–22: »Da schuf G*tt die großen Seeungeheuer und jedes sich bewegende Lebewesen, von denen das Wasser wimmelt nach ihren Arten, und alle geflügelten Tiere nach ihren Arten. Und G*tt sah: Ja, es war gut. Da segnete G*tt sie und sagte: ›Seid fruchtbar, vermehrt euch und füllt die Wasser der Meere. Die Flugtiere aber sollen sich auf der Erde vermehren.‹« Was bedeutet es, wenn wir, die Nachzügler*innen im Geschehen, uns nun so verhalten, dass wir all jene, die sogar vor uns da waren und vor uns ihren Schöpfungsauftrag erhalten haben, nicht nur daran hindern, diesen auszuführen (etwa weil wir ihnen ihr Land und ihre Lebensgrundlage rauben), sondern wenn unser Lebensstil auch noch dazu führt, dass wir diese für immer auslöschen? Es ist eine Katastrophe, dass wir uns im Sechsten Artensterben befinden – nicht das erste, richtig, aber das erste, für das der Mensch maßgeblich verantwortlich ist, und damit handelt es sich um ein Artensterben, das (so) vermeidbar ist. Wir könnten anders, würden wir uns dazu entscheiden. Theolog*innen wie Gunda Werner sprechen deshalb von »Mord«[12] – Massenmord.

Bleiben wir bei der ersten Schöpfungserzählung – auffällig ist ein Weiteres: Der Schöpfungsakt des Menschen ist der einzige, nach dem es nicht heißt »Und G*tt sah: Ja, es war gut.« Erst am Tag danach, am siebten Tag, als G*tt das gesamte Werk der Schöpfung betrachtete, schaute G*tt auf alles, auf die Gemeinschaft des Lebens, die Vielfalt dessen, was sich da so tummelte, erst hier heißt es »Und

G*tt sah alles, was G*tt gemacht hatte: Sieh hin, es ist sehr gut.« (Gen 1,31a) Sollte uns diese Tatsache nicht zu denken geben? Die Tatsache, dass selbst die Schreibenden des Buches Genesis offenbar ein sehr gutes Gespür dafür hatten, dass der Mensch doch nicht nur Segen für die übrige Schöpfung ist?

Auch im zweiten Schöpfungsmythos begegnet uns das Phänomen, dass die Autoren die Geschichte so anlegen, dass der Mensch genau genommen keine Kenntnis über die Entstehung des Menschen hat. Auch hier gab es bereits einen schönen Garten und G*tt schuf den Menschen aus Erde, weshalb er biblisch auch »Erdling«, auf Hebräisch »*'āādām*«, genannt wird (denn er kommt aus der »*ādāmāh*«, der Erde). Zwar sind wir nicht aus Erde geschaffen, sondern aus Fleisch, Blut, Sehnen, Knochen, Flüssigkeit etc., aber aus organischem Material allemal, und so stimmt auch das uns meist nur von Beerdigungen Bekannte: »Ja, Erde bist du, und zur Erde kehrst du zurück« (Gen 3,19b). Wir sind nun einmal kompostierbar und gehen wieder in die Erde zurück – eines Tages. Dieses Faktum hat leider nicht dazu geführt, dass unsere Theologie eine »erdgesättigte« wurde. Eine Theologie also, die sich darüber bewusst wäre, dass der Mensch aus organischem Material ist und insofern Teil eines ökologischen Kreislaufs, weshalb der Ort des Menschen inmitten der Schöpfung ist und nicht gegenüber von ihr, auch nicht über ihr. Es ist Zeit für eine Theologie, die sich mit diesem Planeten solidarisch erklärt.

Als es so weit ist, dass der zweite Mensch entstehen soll, schuf G*tt nicht etwa im Beisein des ersten Menschen den zweiten, sondern die Autoren beschreiben hier, wie der erste Mensch zunächst in einen Tiefschlaf versetzt wurde. Im Grunde genommen sorgt der Mensch, der die Erzählung schreibt, hier selbst dafür, dass der erste Mensch, »Adam«, nicht genau wissen kann, wie der zweite Mensch entstand, da dieser sich in einem Tiefschlaf befand. Wer nicht mit vollem Bewusstsein dabei war, ist aber auch nicht aussagefähig. Als der erste Mensch wieder aufwachte, fand dieser den zweiten Menschen vor und nannte diesen *»îššāh«* (»Ischscha«) – Frau. Wichtig ist an dieser Stelle, dass Adam, der Erdling und Erstling zugleich, ein geschlechtsloser Mensch war. »Adam« gibt es im Hebräischen nur im Singular. Man kann ihn daher als »Mensch« oder »Menschheit« übersetzen. Im Grunde steht »Adam« hier für die Menschheit als Sammelbegriff und wurde erst später zu einem Männernamen. Dies lässt sich auch dadurch bekräftigen, dass G*tt es später, in Gen 6,5–7, bereut, die Menschheit geschaffen zu haben. Hier steht im Urtext für »Menschheit« das Wort »Adam«. Die deutsche Übersetzung lautet: »Als aber JHWH sah, dass die Bosheit der Menschen (ʼādām) groß war auf Erden und alles Dichten und Trachten ihres Herzens böse war immerdar, da reute es ihn, dass er die Menschheit (ʼādām) gemacht hatte auf Erden, und es bekümmerte ihn in seinem Herzen. Und er sprach: Ich will die Menschen (ʼādām), die ich geschaffen habe, vertilgen von der Erde (ʼādāmāh), vom Menschen (ʼādām) ab bis zum Vieh und bis zu den Vögeln unter dem Himmel; denn es reut mich, dass ich sie gemacht habe.« Würde man »Adam« als Männername missverstehen, ergäbe sich daraus die paradoxe (oder bedenkenswerte) Situation, dass es G*tt einzig reute, den Mann erschaffen zu haben.

Vom Menschen zu männlich und weiblich

Die Mehrgeschlechtlichkeit der Menschen setzt ab dem Moment ein, ab dem aus dem einen Adam zwei Menschen werden, in diesem Moment wird aus Adam »*îš*« (»Isch«) und »Ischscha«. Ischscha, also Frau, und Isch, Mann, so die beiden biblischen Begriffe in der zweiten Schöpfungserzählung. In der ersten ist nicht von »Mann und Frau« die Rede, sondern von »männlich und weiblich« (Gen 1,27). Und von »Eva« als Name für »Ischscha« ist an dieser Stelle noch keine Spur. Der Name »Eva« taucht erst nach dem sogenannten »Sündenfall« auf, in Gen 3,20. Hier nennt der »Mann-Mensch« den »Frau-Menschen« »Eva«. »Eva« wird die Frau also auch nicht von G*tt genannt, sondern vom »Isch«: »Da gab der Mann-Mensch seiner Frau einen Namen: Chawwa, Eva, denn sie wurde zur Mutter aller, die leben.« (Gen 3,20) Das Namenspaar »Adam und Eva« für die ersten Menschen kommt im biblischen Text übrigens nirgends vor.

Was an den beiden Stellen der Erschaffung der Menschen (Gen 1,27 und Gen 2,21–23) ebenfalls nicht gesagt ist, ist, *wer* von beiden *weshalb* »Mann« oder »Frau« bzw. »männlich« oder »weiblich« ist. In Gen 1,27 heißt es lediglich: »Da schuf G*tt Adam, die Menschen, als g*ttliches Bild, als Bild G*ttes wurden sie geschaffen, männlich und weiblich hat er, hat sie, hat G*tt sie geschaffen.« In Gen 2,23 ist es »Isch« der das andere Menschenwesen »Ischscha« nennt. G*tt weist hier keinem der beiden ein »Frau-« oder »Mann-Sein« zu. Die Bibel selbst gibt uns an dieser Stelle demnach keinerlei Auskunft darüber, wie jemand sein muss, um als »weiblich« oder »männlich« zu gelten. Sie sagt nicht einmal mehr »der Mensch mit dem Penis ist männlich« und »der Mensch mit der Vagina weiblich«. Nichts davon: Es heißt lediglich, es gibt zwei Menschen, und diese sind »Mann« und »Frau« bzw. »männlich« und »weiblich«. Was auch immer das heißen und bedeuten mag. Die Theologie- und Kirchengeschichte hat sich zu einer überbordenden Fundgrube an mehr oder weniger intellektuell redlichen, mehr oder weniger sozial- und kulturgeschichtlich reflektierten, mehr oder weniger biologisch und sexualpsychologisch informierten Interpretationen herabgelassen oder emporgehoben, was hiermit gemeint sein könnte. Entscheidend ist an dieser Stelle, G*tt hat laut den Schöpfungserzählungen jede Deutung offengelassen. Die neutestamentliche Vision aus Gal 3,28: »Da ist nicht jüdisch noch griechisch, da ist nicht versklavt noch frei, da ist nicht männlich und weiblich: denn alle seid ihr einzig-einig im Messias Jesus«, ist eine Anspielung auf den einst als guten Ursprung imaginierten Kontext, in dem weder Geschlechtlichkeit, Körperlichkeit noch soziale Stellung ausschlaggebend waren – und damit zugleich die Hoffnung, dass es einst wieder einen solchen Zustand geben möge. Auch die Zweigeschlechtlichkeit, die lehramtlich stets von der Genesis-Stelle abgeleitet wird, lässt sich so einfach biblisch nicht beweisen. Zum einen handelt es sich nicht um einen Bericht, zum anderen heißt es lediglich, dass es Menschen gibt, die offenbar unterschiedliche Geschlechter haben.

Rekurrierend auf die erste Schöpfungserzählung, bei der die Entstehung der Welt im Mittelpunkt steht (man spricht deshalb auch von »Kosmogenese«, während bei der zweiten Schöpfungserzählung die Entstehung der Menschheit, »Anthropogenese«, im Zentrum der Erzählung steht), können wir gut sehen, dass es sich nicht um einen umfänglichen Tatsachenbericht handelt. Es werden »Eckpfeiler« benannt, der Bogen aller Existenzen wird aufgespannt. Es gibt nun einmal nicht nur Wasser und Land, sondern ein Dazwischen: Moore, Feuchtgebiete, Watt, ... – es gibt nicht nur die Tiere des Landes, des Himmels und der Erde: es gibt Schildkröten, die leben mal im Wasser, mal auf dem Land; manche Tiere leben am Anfang ihres Lebens im Wasser und später dann nur noch an Land; manche Tiere können sowohl auf dem Land leben als auch im Wasser als auch die Lüfte bewohnen und, und, und. Es gibt nicht nur Tag und Nacht – es gibt die Dämmerung, den Sonnenaufgang und den Sonnenuntergang und es gibt Tage, die lassen sich kaum von der Nacht abgrenzen und Nächte (wie etwa in der Nähe des Polarkreises zu gewissen Jahreszeiten), die lassen sich nicht vom Tag unterscheiden. Genau so ist die Wirklichkeit, genau so ist unsere Realität. Und wenn sich vieles nicht festnageln und als eindeutig so oder so ausmachen lässt, warum sollte es sich mit unserem geschlechtlichen Menschsein anders verhalten? Auch hier heißt es »männlich« und »weiblich«, von mir aus sogar »Mann« und »Frau«, aber ist denn damit umgekehrt gesagt, dass es außer »Mann« und »Frau« nichts geben kann und darf? Ist damit etwa ein eindeutiges Bild von »Mann« und »Frau«, gar eine Norm gesetzt?

Unsere Lebenswirklichkeit belehrt uns eines Besseren und das dürfte auch die Autoren der damaligen Texte nicht gewundert haben: Es gibt Menschen, die sind nicht eindeutig »Mann« oder »Frau«, »männlich« oder »weiblich«; es gibt Menschen, die erleben im Laufe ihres Lebens unterschiedliche Phasen, und es gibt Menschen, die lesen sich als »Mann« und »Frau« oder als nichts von beidem. Wo ist das Problem? Biblisch sind hier alle Optionen offen – weshalb sollte das »Fluide« auf alle anderen Elemente der Schöpfung zutreffen, nur ausgerechnet auf die Geschlechtlichkeit des Erdlings nicht?

Ebenbildlichkeit als Beziehungskategorie

Interessant ist zudem die Überzeugung der Autoren, dass G*tt sich Ebenbilder geschaffen habe. Da sich die Theologie (mit Ausnahme einiger wissenschaftlich nicht ernstzunehmender Positionen) einig ist, dass G*tt kein Geschlecht habe oder zumindest auf keines festgelegt werden könne, scheint es umso spannender, dass wir Ebenbilder G*ttes sind. Das G*ttliche in uns kann also kaum das Geschlechtliche sein, genauso wenig wie die G*ttlichkeit Jesu in irgendeiner Weise mit Jesu Geschlecht in Verbindung gebracht werden kann. Ebenbild G*ttes zu sein heißt vor allem: nicht festgelegt zu sein. Bei zig Milliarden Menschen seit jeher kann das eine prototypische Ebenbild G*ttes wohl kaum ausgemacht werden. Die Vielfalt ist es, die G*tt entspricht. Ebenbild zu sein, trifft dabei nicht ausschließlich auf uns Menschen zu, denn das, als was G*tt sich selbst offenbart, ist die Schaffenskraft, die da ist. So stellt sich G*tt selbst dem Mose vor: »Ich bin da, weil ich da bin« (Gen 3,14) und »Ich-bin-da« (Gen 3,15). Dasein als Beziehungskategorie. Beziehungswesen sind aber auch unsere tierlichen Verwandten. Deshalb lässt sich, so der Theologe Markus Mühling, aus der Ebenbildlichkeit gerade keine Superiorität oder Legitimität zur Dominanz und Arroganz des Menschen ableiten, sondern der Anspruch und Auftrag, diese Ebenbildlichkeit, dieses Versprechen des Daseins, Beziehung zu sein, zu leben.[13]

Bis hierher werden Sie sich vermutlich denken, dass das vielleicht so sein mag, dass die biblischen Texte im Grunde keine Sonderstellung des Menschen begründen, jedenfalls nicht derart, dass die Vorstellung, die Schöpfung wäre »für uns gemacht« oder »zu unseren Gunsten geschaffen« worden, gerechtfertigt wäre. Was aber machen wir mit dem Herrschaftsauftrag? Ist das nicht der eindeutige Beweis dafür, dass wir die anderen ausbeuten dürfen, es vielleicht sogar sollen?

»… bemächtigt euch ihrer« (Gen 1,28a)

»Dann segnete G*tt sie, indem G*tt zu ihnen sprach: ›Seid fruchtbar, vermehrt euch, füllt die Erde und bemächtigt euch ihrer.‹« (Gen 1,28a) Von allen 56 Versen der Schöpfungserzählungen (Gen 1,1–2,25 – die »Paradiesgeschichte« mal ausgelassen) ist dies wohl die bekannteste Stelle der Schöpfungserzählungen, wenn nicht sogar der ganzen Bibel. Sowohl bei Menschen, die sich selbst als gläubig oder auch als Teil einer Glaubensgemeinschaft verstehen, als auch bei jenen, die bisher wenig Berührungspunkte mit jüdisch-christlichen Glaubensüberzeugungen oder Schriften hatten.

Seit ich mich zu schöpfungstheologischen Fragen äußere, habe ich noch kein Interview gegeben, keinen Vortrag gehalten und keine Stunde zu diesem Thema gelehrt, bei dem oder in der ich nicht innerhalb der ersten Sätze mit genau jenem Bibelzitat konfrontiert wurde. Es ist ein trauriges Zeugnis, dass die biblische Schöpfungstheologie und damit die jüdisch-christliche Botschaft zum Thema Schöpfung auf diesen einen Satz zusammengestutzt wurde. John Cobb, ein US-amerikanischer Theologe und Pfarrer, soll einmal gesagt haben: »›Macht euch die Erde untertan?‹ – Ja, das ist das einzige biblische Gebot, das wir zu 100 Prozent erfüllt haben.« In Fachdiskursen ist diese Bibelstelle, der sogenannte Herrschaftsauftrag, als »Dominium terrae« bekannt. Auch ich werde Ihnen nichts anderes sagen können, als dass dieser Satz so in der Bibel steht. Zwar neben anderen, neben zahlreichen anderen Motiven, die uns Menschen im Schöpfungsgeschehen eine geradezu gegenteilige Aufgabe und Rolle zuweisen, aber dieser Satz steht hier eben auch. Die Bibel ist an dieser Stelle mehrdeutig – wie an vielen anderen Stellen auch.

Zum einen ist es erschreckend und sollte uns statt zur Verteidigung zur Reflektion und zum Innehalten anleiten, dass uns dieser Satz so eindrücklich, so selbstverständlich und so plausibel über die Lippen geht. Genau das haben wir gemacht, wir haben uns die Erde so lange untertan gemacht, haben sie kolonialisiert, bis wir in einem Zeitalter angekommen sind, in dem die Prozesse auf der Erde mehr als je zuvor und unumkehrbar sowie in rasender Geschwindigkeit vom Menschen beeinflusst werden – dem Anthropozän. Ein ganzes Zeitalter haben wir nun nach uns benannt, kein Grund zum Stolzsein! Zum anderen nehmen die theologischen Stimmen zu, so zum Beispiel auch Papst Franziskus' Enzyklika *Laudato si*, die diese biblische Stelle so interpretieren, dass hier mitnichten ein Herrschen und schon gar kein Ausbeuten gemeint sei, sondern entsprechend der damaligen Zeit man sich das Herrschen eines guten und fürsorglichen, verantwortungsvollen Königs vorzustellen habe. So, wie ein guter, ein treuer König herrscht und das Wohl seines Volkes an oberste Stelle setzt, so sollten wir über die uns anvertraute nichtmenschliche Schöpfung herrschen, besser: walten. Beliebt ist hier auch die »Hirten«-Metapher: So, wie ein guter Hirte auf seine Schafe aufpasst, so sollten wir die Schöpfung hüten und pflegen, verwalten und bewahren. Gerade die Vorstellung des »Verwaltens« findet in *Laudato sí* Niederschlag, wie bereits die Oikos-, also Ökonomie-Metapher in der Überschrift verdeutlicht: *Über die Sorge für das gemeinsame Haus.*

Für andere Theolog*innen, zu denen auch ich gehöre, ist jedoch auch das Bild des Königs, Hirten oder Hausverwalters (oft gerade auch »Haus*herrn*«) nicht glücklich gewählt: Einerseits – und dies bestätigen selbst Theolog*innen wie die Bibelwissenschaftlerin Ilse Müllner, die sich für eine Interpretation im Sinne der Königsmetapher ausspricht[14] –, weil auch die Autoren der damaligen Zeit keine solchen selbstlosen Könige erlebt haben, die stets zum Wohle ihres Volkes handeln (die Kritik an der Königsherrschaft ist in den biblischen Büchern »Könige« nachzulesen). Hier wäre also im besten Falle so zu argumentieren, dass die Autoren die *Vision* eines guten Königs oder einer guten Königin hatten und hier ein Idealbild eines königlichen Regierens zeichnen wollten. Für mich spielt ein weiterer Aspekt eine Rolle: Egal ob König*in, Hirt*in oder Verwalter*in – stets handelt es sich um Autoritäts- und Herrschaftsverhältnisse. Auch ein noch so gutes Herrschen oder Regieren bedeutet ein Herrschen *über*, was immer Herrschende und Beherrschte als ungleiche Partner*innen des Geschehens zeichnet. Eine Egalität im Sein, eine gemeinsame, verantwortungs- und rücksichtsvolle und vor allem eine friedliche und solidarische *gemeinsame Existenz allen Lebens*, eine »shared creaturely existence«[15], wie die Leiterin der *Laudato sí Research Institutes* in Oxford, Celia Deane-Drummond, es nennt, lässt sich mit keiner Herrscher*innen-Metapher ausdrücken. Was nun? Sollten wir diesen biblischen Satz also verschweigen? So tun, als stünde er nicht da, nur weil er nicht in die eigene Theologie passt? Keinesfalls. Wir sollten ihn erwähnen – denn er ist bereits in den Köpfen der Menschen – und uns zugleich kritisch zu ihm positionieren. Und wir sollten ihn nicht überstrapazieren, nicht überbetonen, sondern stets deutlich machen, dass es sich hierbei um *einen* Satz in zwei Schöpfungserzählungen handelt, die ansonsten ein eher konträres Bild zeichnen. Nimmt man die Schöpfungserzählungen aus den Psalmen und den Ijob-Reden hinzu, so wird noch deutlicher, dass es sich hier um eine Ausnahme handelt.[16]

Wir waren nie die Krone

Neben dem gerade behandelten Satz »Macht euch die Erde untertan« gibt es ein zweites Motiv, das viele Menschen mit der Schöpfungstheologie in Verbindung bringen. Es handelt sich um das Bild des Menschen als »Krone der Schöpfung«. Viele – selbst in der jüdisch-christlichen Tradition stehende – gläubige Menschen sind fest davon überzeugt, dass dieser Satz in der Bibel stünde. All diejenigen unter Ihnen, die dies bis eben dachten, muss ich leider ent-täuschen. Dieser Satz steht nicht in der Bibel. Auch nicht in einer anderen Bibelübersetzung. Auch nicht so ähnlich oder in anderen Worten. Er steht dort nicht. Wir waren nie die Krone der Schöpfung und sind es auch heute nicht. Die Höhepunkt der Schöpfung, das ist der Sabbath. Das mag für manche eine ernüchternde Nachricht, gar Bilanz, sein, aber so ist es. Bislang ist es mir nicht gelungen, den Ursprung dieses Satzes »der Mensch sei die Krone der Schöpfung« herauszufinden. Aber eines steht fest: Biblisch ist er nicht. Vielleicht sollten wir ihn eher auf dem »Selbstoffenbarungs-Ohr« hören: Der Mensch wäre gerne die Krone der Schöpfung. Oder: Der Mensch verhält sich so, als wäre er die Krone der Schöpfung? Wer weiß.

Ihr sollt Veganer*innen sein!

Womöglich ist bis hierher der Eindruck entstanden, dass der Mensch allein es sei, der das Leid in die Welt gebracht hat, und so verspüren einige unter Ihnen vielleicht schon den Impuls, auf den Löwen hinzuweisen, der doch die Gazelle isst, die Katze, die doch mit der Maus bis zu deren Exitus »spielt«, sie quält und dann jämmerlich in der Ecke liegen lässt; oder auf die Grausamkeiten der Natur wie Tsunamis und Erdbeben, die vielen Geschöpfen – ganz (oder fast) ohne unser Zutun – das Leben nehmen. Und recht haben Sie. Die Schöpfung ist nicht in jeder Hinsicht schön im Sinne von harmlos, harmonisch oder friedlich. Der Punkt ist aber, dass diese Schöpfung, wie wir sie erleben, eine *nach*paradiesische ist. Nicht umsonst folgen nach den Schöpfungsmythen der »Sündenfall« und die Sintflut. Genau dies ist ein Indiz dafür, dass die Menschen zur damaligen Zeit genau wussten, dass irgendetwas passiert sein muss, das dieses Ungleichgewicht und diese Ungerechtigkeit in die Welt gebracht hat. So, wie die Autoren der Schöpfungserzählungen sie vorfinden, kann sie unmöglich von G*tt gewollt gewesen sein. Diese, unsere Welt ist weder Eden noch Eschaton, nicht der Ursprungszustand und auch nicht ihr Endpunkt. Das Reich G*ttes ist mitten unter uns, aber nun einmal erst als angebrochenes, nicht als erfülltes, vollkommenes. Die Autoren der biblischen Schöpfungserzählungen drücken mit ihrer Ursprungsvision des Gartens Eden und der Entstehung der Welt genau das aus: Dass sie merken, dass etwas nicht stimmt, dass an irgendeiner Stelle eine ursprünglich anders und gut gedachte Ordnung gestört wurde, aus den Fugen geraten ist, dass so, wie es 900–600 v. Chr. war, dass das nicht G*ttes Wille sein kann, dass »Welt« an einer Stelle schon falsch abgebogen sein muss. Weshalb sonst würden jüdische Gelehrte, also die Autoren der biblischen Erzählungen, weshalb sonst würden sie eine Welt entwerfen, in der alle friedlich beisammen leben – Pflanzen, menschliche und nichtmenschliche Tiere? Weshalb sonst würde es in Gen 1,29–30 heißen: »Seht, ich übergebe euch alle Samen aussäenden Gewächse auf der ganzen Erdfläche, sowie jeden Baum, an dem Samen aussäende Baumfrüchte sind. Das soll euch als Nahrung dienen. Auch allen Tieren der Erde, allen Vögeln des Himmels, allem, was auf der Erde kriecht, was immer mit einer Kehle lebt, soll alles grüne Gewächs als Nahrung dienen«?

»Grünzeug« ist uns und all unseren tierlichen Verwandten zur Nahrung aufgegeben. Weshalb haben sich Menschen bereits in dieser Zeit das Paradies als einen veganen Ort vorgestellt, hätten sie nicht ein Bewusstsein, einen Instinkt oder eine Ahnung gehabt, dass das Fressen und Gefressen-Werden nicht G*ttes ursprünglicher Wille gewesen sein kann? Erst nach dem sogenannten »Sündenfall«, nach der Sintflut, nachparadiesisch, erst als der Mensch bereits seinen Narzissmus, sein Wie-G*tt-sein-Wollen und seine Entsolidarisierung bewiesen hat, erst dann, in Gen 9,3 heißt es: »Alles, was sich regt und in dem Leben ist, das soll euch als Speise dienen. Wie das grüne Gewächs übergebe ich das alles an euch.« Auch der bekannte »Tierfrieden« in Jes 11, 6–8 und Jes 65,25 stellt sich das Paradies als einen veganen Ort vor, da frisst sogar der Löwe Stroh.

Theologisch kann es nicht darum gehen, nun einmal darauf zu pochen, dass wir halt nicht mehr bzw. noch nicht im Paradies leben und dass man am Beispiel des Löwen doch am besten erkennen könne, dass das mit dem Strohfressen nicht klappt. Wir können weiterhin auf all jene verweisen, die sich ebenfalls nicht so verhalten, dass Leid möglichst minimiert wird. Wir können weiterhin auf unser in jeder Hinsicht schuldbehaftetes Leben verweisen und darauf, dass Leben schon immer Leben gekostet hat (und sei es die Ameise, auf die ich trete, wenn ich die Wohnung verlasse). Oder wir können bei uns anfangen, uns in die Spur des Unwohlseins der jüdischen Autoren einreihen, uns von der Vision eines so-weit-wie-möglich leidfreien Lebens tragen und anleiten lassen und überlegen, ob Geschmack, Appetit, Lust, Bequemlichkeit, Geldgier etc. wirklich gute Argumente gegen unser Mittun am Reich G*ttes sind. Und es sei nur angemerkt: Es ist etwas anderes, wenn ein Löwe, der eine Gazelle fressen muss, um zu überleben, und dessen Organismus und Habitat diesem keine andere Nahrungsoption ermöglichen, diese auch wirklich frisst. Es ist etwas anderes, dass wir, die wir in Deutschland leben, täglich vor übervollen Supermarktregalen aus einer überbordenden Angebotsfülle (regional und saisonal unabhängig) unseren Speiseplan zusammenstellen können. Es ist etwas anderes, dass wir in Deutschland Lebenden allein in diesem Land täglich das Töten von über zwei Millionen Tieren zum Verzehr zu verantworten haben. Ob wir es uns da moralisch wirklich leisten können, auf den Löwen zu verweisen? Und können wir wirklich, die wir es zu verantworten haben, sechs Millionen Menschen aufgrund ihrer Zugehörigkeit zu einer anderen Religion grausam vergast zu haben, von Massenvergewaltigungen ganz zu schweigen, können wir es uns wirklich leisten, den Zeigefinger auf die Katze zu richten, die im Hof die Maus zu Tode quält?

Ein Sündenbock muss her

Übrigens ist auch das Motiv des »auf den anderen Zeigens« schon in den Schöpfungserzählungen vorhanden. Genau, im Zusammenhang mit dem verbotenen Essen des Apfels in Gen 3,6. Was sich hier zeigt, ist offenbar ein den Autoren der damaligen Zeit sehr bekannt vorkommendes, aber zugleich als unrecht und ungut empfundenes, solidaritätszersetzendes menschliches Verhalten. Wir Menschen wollen es nicht gewesen sein. Verantwortung zu übernehmen ist nun einmal schwer. Und so ist es kompositorisch geradezu genial, dass die Folge des Verzehrs des Apfels die ist, dass sich alle gegenseitig beschuldigen. Die weibliche Person beschuldigt die Schlange, die männliche Person beschuldigt die weibliche. Das menschliche Phänomen der mangelnden Bereitschaft, sich solidarisch zu zeigen und Verantwortung zu übernehmen, scheint den Autoren also ein Graus gewesen zu sein und nicht in den guten Plan G*ttes gepasst zu haben. Der »Sündenfall« hat dieses Verhalten gebracht. Eindrücklich ist das Bewusstsein, dass dieses nicht g*ttgewollt ist.

Schöpfungserzählungen in den Psalmen und dem Buch Ijob

Obgleich die beiden Erzählungen zu Beginn des Buches Genesis diejenigen sind, auf die im Zuge der Entwicklung von Schöpfungstheologien am intensivsten zurückgegriffen wird, so gibt es doch zahlreiche weitere Stellen in der Heiligen Schrift, die etwas über die Entstehung der Welt und den Platz und Auftrag der einzelnen Geschöpfe aussagen und die ein recht demütiges Bild des Menschen entwerfen. So heißt es in Psalm 8,5 »Was sind die Menschen, dass du an sie denkst, ein Menschenkind, dass du nach ihm siehst?« Wunderschön ist auch Psalm 104, in dem so deutlich ausgedrückt wird, dass G*tt selbst es ist, der für jedes Lebewesen sorgt, die Quelle der Vitalität ist und es (theoretisch) vermag, alle zu sättigen. Erst am Schluss dieses wunderbaren Hymnus, dieser Ode an die Vielfalt des Lebens, erscheint die Erwähnung des menschlichen Werkes und der menschlichen Schaffenskraft als das, was sie ist, *eine* Schaffenskraft *unter vielen*. Das, was der Mensch zum Schöpfungskollektiv beiträgt, hebt sich in seiner Sinnhaftigkeit und Bedeutung durch nichts von dem ab, was die Berge und Zedern, die Sonne oder der Mond beitragen.

Im Ijob-Buch, in den sogenannten »G*ttesreden« (Ijob 38–42), klingt dieser Psalm wieder nach: Der gebeutelte und wirklich schrecklich leidende Ijob, dessen »Freunde« ihm vorwerfen, dass er doch wohl ein schlechter Mensch sein müsse, wo G*tt ihm so viel Unheil zukommen lasse, dieser Ijob, der bereit ist, sich diese Beschuldigung zu eigen zu machen, zu ihm spricht G*tt, und zwar mittels rhetorischer Fragen, in denen Ijob deutlich gemacht werden soll, dass dieser bloß nicht zu glauben brauche, dass er es sei, der das Steuer in der Hand hielte. Er solle nicht so tun, als ob er das Schicksal der Welt bestimme, sondern verstehen, dass er »nur« ein Mensch ist. Auf den ersten Blick wirken die »G*ttesreden« sehr harsch. Das soll Ijob trösten, fragt man sich da? Die Bibelwissenschaftlerin Ilse Müllner deutet dies so: Ijob soll sich frei machen von der Vorstellung, dass er alles Heil und Unheil selbst zu verantworten habe. Er solle verstehen, dass die Welt- und Lebenszusammenhänge wesentlich komplexer sind und es somit nicht angemessen ist, sich für jedwedes Geschehen als Alleinverursacher zu fühlen.[17] Indem G*tt Ijob zum Beispiel die folgenden Fragen stellt, rückt G*tt die Position des Menschen Ijob zurecht, er ver-rückt ihn geradezu:

»Wo bist du gewesen, als ich die Erde gründete? Erzähle es mir, wenn Du Einsicht weißt!« (38,4)

»Wer setzte ihre Maße – du weißt es ja offenbar?!« (38,5a)

»Hast du an einem deiner Tage dem Morgen befohlen, der Morgenröte ihren Ort angewiesen«? (38,12)

»Bist du bis zu den Quellen des Meeres gekommen und auf dem Urgrund des Meeres herumgegangen?« (38,16)

»Führst du ein bestimmtes Sternbild zu seiner Zeit heraus, die Große Bärin samt ihren Kindern – hütest du sie?« (38, 32)

»Wer hat in den Ibis Weisheit gelegt oder wer hat dem Hahn Einsicht gegeben?« (38,36)

»Erjagst du für die Löwin Beute und das Lebensbegehren der jungen Löwen erfüllst du?« (38,39)

»Wer bereitet den Raben ihre Nahrung? Ihre Jungen schreien ja zu G*tt, irren umher ohne Speise.« (38,41)

»Weißt du die Zeit des Gebärens der Steinziegen, das Kreißen der Hirschkühe bewachst du?« (39,1)

»Zählst du die Monate, die sie trächtig sind, und kennst die Zeit ihres Werfens?« (39,2)
»Wer hat den Onager freigelassen, die Fesseln des Wildesels – wer hat sie geöffnet –, dem ich zu seiner Behausung die Steppe gesetzt habe und zu seiner Wohnstätte das Salzland?« (39,5–6)
»Wird dir der Wildstier dienen wollen und übernachtet er an deiner Futterkrippe?« (39, 9)

Obgleich G*ttes Fragen keine befriedigende Antwort auf Ijobs Umgang mit dem Leid sein mögen, so wird in diesem biblischen Text doch ein ganz anderes Bild des Menschen vermittelt als die theologische Anthropologie, also die Lehre vom Menschen, oder auch die Schöpfungstheologie oftmals zeichnet. Die Vorstellung des Menschen als »Krone der Schöpfung« lässt sich jedenfalls auch aus dem Ijob-Text nicht herleiten.[18]

2
Warum wir die Erde (nicht) ausbeuten dürfen:
Zu Gast in G*ttes Welt

Den Begriff »Anthropozän« haben wir bereits im ersten Kapitel gelesen. Doch was sollen wir uns darunter eigentlich vorstellen? Es war der niederländische Meteorologe und Nobelpreisträger Paul J. Crutzen, der den Begriff »Anthropocene« zur Beschreibung unseres Zeitalters im Jahr 2000 bekannt machte.[19] »Ánthropos« ist griechisch und bedeutet »Mensch«, »kainós«, wovon sich »-zän« ableitet, heißt »neu«. Ein ganzes – neues – Zeitalter, nur nach uns benannt. Ist das nicht eine Errungenschaft? Können wir nicht stolz darauf sein, dass wir es sind, die die Erde prägen, wir, die intelligenten, vorausschauenden Wesen? Manche Forscher*innen behaupten, dass die Fähigkeit, sich die Zukunft vorstellen zu können, Visionen für diese zu entwickeln und vorausschauend zu planen und zu handeln, womöglich die einzige Fähigkeit sei, die unsere Spezies von allen anderen unterscheide.

Mittlerweile wissen wir, dass es nichtmenschliche Lebewesen, genauer müsste man sagen »nichtmenschliche Tiere« gibt, die sehr wohl rational handeln, sogar altruistisch. Längst ist das Bild vom Tier als instinkt- und triebgesteuertes Lebewesen auf der einen und des Menschen als »animal rationale«, also als »vernünftiges Tier«, auf der anderen Seite, überholt. Längst wissen wir, dass auch das sogenannte »Tierreich« aufopferungsvolles Verhalten kennt, Verantwortungsübernahme, Sozialverhalten und dergleichen mehr. Aber die Zukunft planen? Sich Fragen wie »Wo sehen Sie sich in fünf Jahren?« stellen zu können, das könne wirklich nur der Mensch, so die Meinung mancher. Nach diesem Menschen ist also unser aktuelles Zeitalter benannt, das Zeitalter des Menschen, das Anthropozän.

Was der Begriff »Anthropozän« wirklich meint

Was damit in Wahrheit ausgesagt wird, ist weniger ruhmreich als es auf den ersten Blick scheint. Es ist nämlich gerade nicht so, dass hiermit die kulturellen Errungenschaften, Erfindungen und Fortschritte der Menschheit gemeint sind. Beim »Anthropozän« handelt es sich um einen geologischen Begriff. Dieser drückt aus, dass der Mensch in keinem Zeitalter zuvor einen so weitreichenden und unumkehrbaren Einfluss auf die Erde genommen hat wie im unsrigen. Der Beginn dieses Anthropozäns wird in der Forschung unterschiedlich datiert: Manche nennen die beginnende industrielle Revolution Ende des 18. Jahrhunderts (Stichwort Dampfmaschine, James Watt) als Auftakt, andere den Abwurf der Atombombe auf Hiroshima 1945. So oder so: Anthropozän bringt jedenfalls zum Ausdruck, dass – im Vergleich zu den vorherigen Zeitaltern – es seit dieser Zeit der Mensch ist, der den größten, massivsten und dabei unwiderruflichen Einfluss auf die Erde nimmt.

Das Anthropozän folgt auf das »Holozän«, in dem »die Menschheit« sich selbst (noch) als Teil des lebendigen Ganzen begriff und nicht selbst zum »geologischen Faktor« wurde. Entscheidend für das Anthropozän ist, dass der »Tipping Point«, also der »Kipppunkt«, erreicht wurde, an dem der Mensch auf dem Planeten Erde Veränderungen verursacht, die nicht mehr rückgängig zu machen sind. »Menschen« sind zu den gravierendsten Einflussfaktoren auf die planetarischen Sphären geworden. Das, was die Menschheit der Erde (positiv wie negativ) zugefügt hat, hat seit dem 18. Jahrhundert ein Ausmaß angenommen, welches den Menschen zum bestimmenden Einflussfaktor macht, der die Erdgeschichte am meisten beeinflusst.

Was es heißt, auf Pump zu leben

Zur Veranschaulichung nenne ich hier ein paar Zahlen, Daten und Fakten: Nie zuvor hat sich die Erde in so kurzer Zeit so rasant erwärmt.[20] Nie zuvor waren so viele Arten vom Aussterben bedroht.[21] Nie zuvor haben Menschen die natürlichen Ressourcen in so kurzer Zeit aufgebraucht. Was der Club of Rome bereits im Jahr 1972 in seinem Bericht »Die Grenzen des Wachstums«[22] feststellte, hat sich bis heute nur noch weiter zugespitzt. Der »Earth Overshoot Day«, auf Deutsch »Erdüberlastungstag«, also der Tag jedes Jahres, an dem die für das gesamte Jahr zur Verfügung stehenden natürlichen Ressourcen aufgebraucht sind, lag in den 1970ern noch im Dezember, im Jahr 2021 war es der 29. Juli.[23] Für 2021 bedeutete dies: Ab dem 30. Juli 2021 haben wir auf Kosten der Zukunft gelebt. Und dieser Tag rückt jedes Jahr ein Stück weiter an den Jahresanfang.

Das Mantra unseres Zeitalters, dass einzig stetiges Wachstum der Schlüssel zum Erfolg, zu Wohlstand und Frieden sei, wird allein durch die Fakten und Nachrichten, mit denen wir täglich konfrontiert werden, ad absurdum geführt. In einer Welt mit begrenzten natürlichen Ressourcen kann es kein unbegrenztes Wachstum geben! Eine Wirtschaft, die einzig durch permanentes Wachstum stabil ist, kann deshalb auch kein nachhaltiges Zukunftsmodell sein. Seit Jahrzehnten entwickeln Postwachstumsökonom*innen Modelle für eine nachhaltigere Zukunft, bislang leider nur mit mäßiger Resonanz.[24]

Obgleich mit sozialen Bewegungen wie »Fridays for Future« eine beeindruckende Aufmerksamkeit für den katastrophalen Zustand unseres Planeten und unsere Rolle daran und darin generiert wurde, so sind die kapitalistischen Dogmen einer neoliberalen Marktwirtschaft zu Tiefenströmen unseres Lebens geworden. Davon ist auch die Kirche nicht verschont. Auch sie ist ein wirtschaftliches Unternehmen, auch sie akkumuliert Kapital, auch sie lässt ihr Geld »arbeiten«, auch sie möchte aus Geld noch mehr Geld machen.

Alles für den Menschen da?

Die theologischen Grundlagen hierfür findet man mitunter in den Texten des Zweiten Vatikanischen Konzils. Dieses weltkirchliche Ereignis gibt Zeugnis vom industriellen und technologischen Fortschrittsoptimismus der 1960er Jahre. In der Pastoralkonstitution *Gaudium et spes* liest man folgende Überzeugungen:

»12. Es ist fast einmütige Auffassung der Gläubigen und

der Nichtgläubigen, daß alles auf Erden auf den Menschen als seinen Mittel- und Höhepunkt hinzuordnen ist.

34. Eines steht für die Glaubenden fest: das persönliche und gemeinsame menschliche Schaffen, dieses gewaltige Bemühen der Menschen im Lauf der Jahrhunderte, ihre Lebensbedingungen stets zu verbessern, entspricht als solches der Absicht Gottes. Der nach Gottes Bild geschaffene Mensch hat ja den Auftrag erhalten, sich die Erde mit allem, was zu ihr gehört, zu unterwerfen, die Welt in Gerechtigkeit und Heiligkeit zu regieren und durch die Anerkennung Gottes als des Schöpfers aller Dinge sich selbst und die Gesamtheit der Wirklichkeit auf Gott hinzuordnen, so daß alles dem Menschen unterworfen und Gottes Name wunderbar sei auf der ganzen Erde.«[25]

Und in der Enzyklika *Populorum Progressio*, von Papst Paul VI. im Jahr 1967 veröffentlicht, heißt es: »›Erfüllt die Erde und macht sie euch untertan (*Gen* 1,28)‹: die Heilige Schrift lehrt uns auf ihrer ersten Seite, daß die gesamte Schöpfung für den Menschen da ist.«[26]

In seiner Ansprache anlässlich des Besuchs des UNO-Umweltprogramms (UNEP) in Nairobi am 18. August 1985 formulierte Papst Johannes Paul II., es gehe darum, »die Schöpfung auf die bestmögliche Art und Weise in den Dienst der Menschheitsfamilie zu stellen.« Alle geschaffenen Güter, so der Papst, sind »auf das Gemeinwohl der ganzen Menschheit ausgerichtet ... Gott wird dann verherrlicht, wenn die Schöpfung der ganzheitlichen Entwicklung der ganzen Menschheitsfamilie dient.«[27]

Da ist von einem schonenden Umgang mit Ressourcen, von Resonanz und Resilienz noch nichts zu lesen. Diese Texte sind fest davon überzeugt, dass die Erde einzig für uns Menschen da ist und es deshalb unser Recht – ja mehr noch: unsere Pflicht – sei, diese zu unseren Gunsten zu nutzen. Die Vorstellung, dass auch die nichtmenschliche Schöpfung ein Recht auf Leben hat – der Boden, die Pflanzen, die Tiere, sie alle leben wollen und zum Leben bestimmt sind –, davon ist hier nicht die geringste Spur. Eine Aussage, die für mich persönlich zu einem theologischen Schlüssel für solch eine einseitige Sicht und eine derart unangemessene Glorifizierung des Menschen geworden ist, lässt sich in *Gaudium et spes* 24 finden. Hier heißt es, dass »der Mensch, der auf Erden die einzige von Gott um ihrer selbst willen gewollte Kreatur ist«. Kein Wunder also, dass der Wille des Menschen über allem steht, alles für den Menschen da sein soll. Deutlich ist der Einfluss der europäischen Stimmen in diesen kirchlichen Texten zu vernehmen. Jene religiös-spirituellen Vorstellungen aus Ländern, die damals noch eine intensivere Beziehung zur nichtmenschlichen Mitwelt hatten (wie etwa Regionen Lateinamerikas, in denen die Vorstellung der *Pachamama*, der »Mutter Erde«, fester Bestandteil des Religiösen ist), fanden hier keinen Niederschlag. Die nordwestliche akademische Theologie galt bis zur Jahrtausendwende als Fortschrittstheologie. Wer hätte es gewagt, den Stimmen des Wohlstands zu widersprechen?

Der Wind hat sich gedreht – kritische Stimmen im kirchlichen Lehramt

Papst Franziskus ist es, der nun wieder eine »arme Kirche für die Armen« fordert. Zwar geht auch er von einer besonderen und hervorgehobenen Stellung des Menschen im Gesamt der Schöpfung aus, ruft jedoch unmissverständlich zu einem Lebensstil und einer Haltung auf, die die Achtung vor dem nichtmenschlichen Leben zurückzugewinnen sucht und der Ausbeutung der Mitwelt Einhalt gebieten will. Er setzt deutliche Akzente gegen ein Credo des ewig zu verherrlichenden Fortschritts. In der als »Umweltenzyklika« bekannt gewordenen Veröffentlichung *Laudato sí. Über die Sorge für das gemeinsame Haus* aus dem Jahr 2015 heißt es unter der Nummer 19:

»Nach einer Zeit irrationalen Vertrauens auf den Fortschritt und das menschliche Können tritt jetzt ein Teil der Gesellschaft in eine Phase stärkerer Bewusstheit ein. Es ist eine steigende Sensibilität für die Umwelt und die Pflege der Natur zu beobachten, und es wächst eine ehrliche, schmerzliche Besorgnis um das, was mit unserem Planeten geschieht. Wir geben einen – wenn auch sicherlich unvollständigen – Überblick über jene Fragen, die uns heute beunruhigen und die wir jetzt nicht mehr unter den Teppich kehren können. Das Ziel ist nicht, Informationen zu sammeln oder unsere Neugier zu befriedigen, sondern das, was der Welt widerfährt, schmerzlich zur Kenntnis zu nehmen, zu wagen, es in persönliches Leiden zu verwandeln, und so zu erkennen, welches der Beitrag ist, den jeder Einzelne leisten kann.«

Befreiungs- und Ökotheolog*innen warnten bereits zur Zeit des Zweiten Vatikanischen Konzils vor Wachstumsideologien und dem Streben nach materiellem Reichtum. Für sie sowie für unsere Mitwelt kommt die noch so begrüßenswerte Einsicht vom Oberhaupt des kirchlichen Lehramtes Jahrzehnte zu spät. Kaum vorstellbar, welch glaubwürdige Stimme unsere Kirche hätte einnehmen können, wäre sie den theologischen Vordenker*innen einer »armen Kirche für die Armen« gefolgt. Stattdessen: Vatileaks-Affären, goldene Badewannen und ein Vermögen von 7,15 Milliarden Euro allein im Bistum Paderborn.[28]

Als Vertreter der Weltkirche knüpft Papst Franziskus damit an zahlreiche lokale Initiativen und Stimmen bereits seit der zweiten Hälfte des 20. Jahrhunderts an. Denn mit dem Lauterwerden des Fortschrittsoptimismus gab es von Anfang an auch kritische, interventionistische und irritierende Stimmen. Bemerkenswert dabei: Obgleich bekannt ist, dass es der kapitalistische Grundgedanke war, der für manche einen beachtlichen Wohlstand und eine nie dagewesene soziale und medizinische Sicherheit gebracht hat, so ist von Anfang an die Kehrseite dieser Dynamik offenbar gewesen: Die Schere zwischen Arm und Reich geht seit den 1980ern immer weiter auseinander, die Natur wird immer extensiver genutzt, die Biodiversität nimmt immer rasanter ab. In ihrem beeindruckenden Werk *Unsere Welt neu denken* führt uns die Politikökonomin und Expertin für Nachhaltigkeitspolitik Maja Göpel folgende Situation vor Augen: »Das reichste Prozent der Weltbevölkerung konnte in dieser Zeit mehr als ein Viertel des Vermögenszuwachses auf der Welt für sich sichern. Das reichste 0,1 Prozent hat sein Vermögen in fast vierzig Jahren um dieselbe Summe gesteigert wie die unteren fünfzig Prozent.«[29] Allein für die USA bedeutete dies im Jahr 2011, dass »das reichste Fünftel der Gesellschaft über fast 85 Prozent des Vermögens verfügte, das arme und ärmste Fünftel zusammen dagegen über weniger als ein Prozent.«[30] Global gesehen lässt sich festhalten: Gerade die ärmsten und am stärksten gefährdeten Regionen der Welt sind es, die weiter ausgebeutet werden. Mich verwundert es demnach nicht, dass der Papst in seinem 2013 veröffentlichten Apostolischen Schreiben *Evangelii Gaudium* feststellt: »Diese Wirtschaft tötet.« (EG 53) Und: »Wir dürfen nicht mehr auf die blinden Kräfte und die unsichtbare Hand des Marktes vertrauen.« (EG 204)[31] Was mich wundert, ist die Empörung, die diese simple Feststellung hervorgerufen hat – auch in innerkirchlichen Kreisen.

Anthropozän, Kapitalozän, Eurozän, Technozän … oder doch: Phobozän?

Aus der Tatsache, dass es der Kapitalismus, beziehungsweise das Kapital ist, das unser Weltgeschehen derart steuert, schließen einige, man solle statt von »Anthropozän« doch lieber vom »Kapitalozän« sprechen. Nicht der Mensch sei zum alles bestimmenden Einflussfaktor geworden, sondern die kapitalistische Ideologie. Oder ist es Europa? Ein »Eurozän« also? Oder gar der technologische Fortschritt – »Technozän«?[32] Unabhängig davon, welcher Begriff unsere eigene kritische Haltung am besten wiedergibt: Wir dürfen nicht vergessen, dass auch diese Ideologien nicht vom Himmel gefallen sind, sondern vom menschlichen Geist hervorgebracht und vor allem durchgesetzt und bis zum heutigen Tage von – zumindest hierzulande – der absoluten Mehrheit der Menschen als handlungsleitend anerkannt oder geduldet werden.

Ich fasse mir hier – bei aller Kritik – an die eigene Nase: Auch ich bin nicht nur Teil eines kapitalistischen Systems, eines Techno-, Euro- und Kapitalozäns, einer Fortschritts- und Wettbewerbsideologie, ich stütze diese geradezu. Das gesamte Universitätssystem, besonders die Forschungslandschaft, hält als oberste Maxime am Akquirieren von Geldern fest, sogenannten Drittmitteln. Der universitäre

Wettbewerb ist ein ständiger Kampf, ein Ringen und Wettrennen um (Forschungs-)Gelder. Die sozialen und intellektuellen »Nebenkosten« sind enorm. Auch ich kann mich – bei allem Bewusstsein darum – nicht freischwimmen von einem akademischen Wettbewerb, der – so ehrlich muss man sein – keinesfalls nur um die besten Ideen ringt, sondern auch um Anerkennung, Wahrnehmung, Wertschätzung – und diese wird meist und zuvorderst an der Höhe der eingeworbenen Drittmittel gemessen. Platz zwei nimmt die Länge der Publikationsliste ein – selbstverständlich ausschließlich wissenschaftliche Spezialliteratur, oft von nur wenigen Menschen gelesen und von noch weniger Menschen verstanden.

Der Philosoph Jens Soentgen ergänzt die Narrative des Kapitalozäns, Technozäns, Eurozäns und Anthropozäns um ein weiteres: »Phobozän« – das Zeitalter der Angst.[33] Für ihn sind es die mannigfaltigen Ausbeutungsverhältnisse, die unser lokales, regionales und globales Miteinander prägen. Sie haben dazu geführt, so Soentgen, dass wir Menschen uns von unserer Mitwelt immer weiter entfernt haben. Das Verhältnis, das wir zu ihr (noch) haben, ist insofern ein gestörtes, da die meisten anderen Lebewesen vor uns Menschen Angst haben. In diesem Zusammenhang muss ich immer an ein Beispiel aus einem Vortrag zum Thema »Jagd« von Josef Reichholf denken. Er erläutert darin, wie sehr sich der Tag-Nacht-Rhythmus von Rehen in unserem Land an der »Jagdsaison« orientiert: Rehe sind nicht etwa »von Natur aus« nachtaktiv. Ihre Angst vor uns hat sie dazu gezwungen. In jenen Monaten des Jahres, in denen Jagdverbot herrscht, verlagern Rehe ihre Suche nach Nahrung in den Tag hinein. Erst die Schüsse der Jäger*innen zwingen sie wieder zu Nachtschichten.[34] Auch für

Soentgen ist die Angst der Wildtiere kennzeichnend für unser Zeitalter, das Phobozän. Sie sind nicht mehr unsere Gefährten, wir teilen uns diesen Planeten nicht mit ihnen und respektieren nicht ihren Lebenswillen und ihr Recht auf Leben. Die Tatsache, dass wir ihren Wert dadurch bestimmen, inwiefern sie in unser Wochenmenü passen oder sich als Trend-Accessoire eignen, hat sie gelehrt, uns zu fürchten. Die Folge daraus: Wenn *wir* in den Wald gehen, ergreifen alle anderen Lebewesen die Flucht. »Die Angst ist die Summe dessen, was die meisten Wildtiere von den Menschen erkannt haben. Ihr Verständnis von uns zeigt sich in ihrer Flucht«[35], resümiert Soentgen.

Unabhängig davon, ob wir der Auffassung sind, dass dies auf die meisten oder doch nur einige Lebewesen zutrifft und unabhängig davon, dass wir sehr wohl auch anführen können, dass sich viele Tiere dem Menschen (ob freiwillig oder unfreiwillig) doch auch angeschlossen haben (ich denke hier natürlich gleich an »meine« Lucy), hat mich die Lektüre von Soentgens Buch sehr nachdenklich gestimmt. Will ich dieser Mensch sein? Will ich ein Mensch sein, vor dem die Tiere fliehen müssen? Fühle ich mich wohl in der Rolle, dass andere Angst vor mir haben, ich andere ängstige? Woher und wie kommt es, dass ich meine, der Wald gehöre mir, ich hätte hier ein »Wegerecht«? Wie komme ich auf die Idee, dass ausgerechnet ich jetzt in diesem See schwimmen darf? Und seit wann – um Himmels Willen – zählt das menschliche Geschmackserlebnis mehr als der Überlebenswille eines anderen Tieres? Inwiefern ist der Tod anderer Lebewesen mit »lecker« zu rechtfertigen? Und nehme ich den Rehen erst ihren Lebensraum weg, verscheuche sie von den Feldern, auf denen die Nahrung für Masttiere und Menschen angebaut wird, um sie dann mit dem Tod dafür zu bestrafen, dass sie im Wald an den jungen Knospen knabbern? Verrückt, oder?

Aufessen war gestern

Doch egal, ob wir von Anthropozän, Kapitalozän oder Phobozän sprechen: Das, was unser Zeitalter kennzeichnet, sind Erfindungsreichtum und technologischer – vor allem digitaler – Fortschritt auf der einen und massive Ausbeutung auf der anderen Seite. Wir leben und wirtschaften auf Kosten unserer Mitwelt und Mitmenschen, vor allem der Armen und Ärmsten. So bitter es ist: Unser Wohlstand ist dadurch und zu diesem erschwinglichen Preis aufrechtzuerhalten, dass andere dafür sehr hohe Kosten tragen. Unsere Supermärkte sind voll günstiger Lebensmittel – in kaum einem anderen Land der Welt wird im Verhältnis zum Einkommen so wenig Geld für Lebensmittel ausgegeben wie in Deutschland. Wir essen nicht weniger als in den vergangenen Jahrzehnten, aber wir geben weniger für Lebensmittel aus. Noch vor circa fünfzig Jahren haben wir rund 25 Prozent des uns zur Verfügung stehenden Geldes für Lebensmittel ausgegeben, mittlerweile sind es 14 Prozent.[36] Die Regale und Kühltruhen unserer Discounter sind voller als voll. Pro Jahr landen in Deutschland 12 Millionen Tonnen Lebensmittel im Müll, das sind 32 877 Tonnen pro Tag. Pro Person eines Privathaushaltes werden pro Jahr 75 Kilogramm Lebensmittel weggeworfen.[37] Einfach so. Oder zumindest meist »einfach so«. Häufig steht unüberlegte Einkaufsplanung dahinter. Wir alle kennen das und tappen ständig in dieselbe Falle: Da geht man ausgehungert in den Supermarkt und will eigentlich nur schnell eine

Kleinigkeit kaufen, wohl wissend, dass zu Hause auch noch irgendwas im Kühlschrank sein müsste, und dann schlägt man zu, weil es gerade alles so lecker aussieht, oder weil es Schnäppchen zu jagen gibt. Der Brokkoli also, im Angebot, Wahnsinn, na, dann lege ich den doch direkt mal in meinen Einkaufswagen. Zu Hause angekommen wartet auch noch die reife Paprika, zusammen mit einer Zucchini und der Hälfte des neulich erstandenen Netzes Kartoffeln im Kühlfach, die üppigen Brokkoli-Röschen gesellen sich nun dazu ... und warten auf ihre Verarbeitung, aber dann, dann klingelt das Telefon und Freund*innen fragen an, ob man nicht spontan Lust habe, Essen zu gehen und schwups ... das Drama der Lebensmittelverderbnis nimmt seinen Lauf.

Und irgendwann werfen wir Lebensmittel weg, weil sie abgelaufen sind und dann bestimmt nicht mehr genießbar sind oder weil sie gammelig werden. Oder weil auf dem Deckel des Joghurts doch steht »haltbar bis ... gestern«; das »mindestens« überliest man schnell und macht aus dem »mindestens haltbar bis gestern« ein »ungenießbar ab heute«. Supermärkte und Discounter befördern täglich unglaubliche Mengen an Lebensmitteln in die Mülltonnen – jene nämlich, die am Ende des Tages noch in den Theken liegen. Weil sie vielleicht nicht gerade genug gewachsen sind (wir wollen gerade Karotten!), weil sie nicht rund genug sind (wir wollen runde Tomaten!), weil sie nicht reif genug oder zu reif sind (wir wollen gelbe Bananen – keine grünen und auch keine braunen!), weil sie eine Macke haben, da sie womöglich im Gewühl und Gewusel runtergefallen sind, oder einfach nur: weil morgen noch schönere, noch frischere und noch akkuratere nachkommen. Nicht umsonst lohnt es sich so sehr »containern« zu gehen. Es sind nicht nur die Wohnungslosen, die in Mülltonnen und Containern nach Essbarem suchen. Ich kenne Menschen, die sowohl Arbeit als auch Wohnung haben und die sich trotzdem im Dunkeln in die Hinterhöfe von Supermärkten schleichen und dort kiloweise (für sie tadellose) Lebensmittel aus dem Müll fischen. Doch: Mit diesen Aktionen machen sie sich strafbar.[38] Werden sie erwischt, warten Geldstrafen und Sozialstunden auf sie. Weshalb ist es in unserem Land verboten, weggeworfene Lebensmittel zu verzehren? Wie kann es sein, dass unsere Industrie und unser Wirtschaftssystem selbst am unnötigen Müll noch Geld verdient? Wie kann es sein, dass man lieber Menschen hungern lässt oder es zulässt, dass Lebensmittel, die noch völlig in Ordnung sind und überall auf der Welt für uns hergestellt werden, vernichtet werden, bevor Menschen, die dafür nicht bezahlt haben, sie essen? Bestimmt ist die Antwort sehr ausgeklügelt und rational nachvollziehbar. Emotional werde ich sie nicht verstehen können. Weshalb werden so wenige Anreize geschaffen, Lebensmittel möglichst restlos zu verwerten?

Bezogen auf unseren Plastikmüll und Elektroschrott ist die Situation nicht weniger brisant. Gut, in den Geschäften wird immer mehr darauf geachtet, Lebensmittel und andere Produkte nicht in Plastik zu verpacken. Aber das heißt nicht, dass wir nicht nach wie vor viel zu viele Plastikprodukte nutzen und verbrauchen. Auch hier: Was passiert mit ihnen? Klar, auch wir sehen in deutschen Flüssen und an den Stränden von Nord- und Ostsee zunehmend Müll, aber wo ist der Rest? Ganz einfach: Auch Müll ist Teil unseres Welthandels und Handel ist nun mal auf Kapitalsteigerung ausgerichtet. Wie kann es sein, dass auch an eigentlich doch tunlichst zu vermeidendem Müll noch Geld verdient wird? Wir Deutschen sind – im europäischen Vergleich – »Meister*innen« in der Müllproduktion, damit folgen wir den Dän*innen, Luxemburger*innen und Zypriot*innen. In allen anderen europäischen Ländern ist die Pro-Kopf-Müllproduktion geringer. Aber: Müsste unser Land dann nicht total vermüllt sein? Wo befindet sich der ganze Müll? Eigentlich müssten wir doch ständig an stinkenden Müllhalden vorbeikommen? Müssten wir auch – würden wir unseren Müll in unserem Land lassen. Stattdessen exportieren wir Müll im großen Stil. Im Jahr 2018 hat der Müll-Export der Deutschen den Maschinen-Export – in Tonnen gerechnet – überschritten. Ein Fünftel unseres Kunststoffabfalls landet in Asien (Malaysia, Indien, Vietnam). Dort werden Teile des Kunststoffs wiederverwertet. Was nicht gebraucht wird, landet auf den dortigen (nicht auf unseren!) Mülldeponien, oder aber in den Flüssen und Meeren der Welt.

Maja Göpel hält uns vor Augen: »Jeden Tag kommen 175 kaputte Fernsehgeräte aus Deutschland in Afrika an, in Ghana, Nigeria oder Kamerun, wo sie ausgeschlachtet werden und alle nicht verkäuflichen Teile auf Müllkippen landen.«[39] Wir externalisieren, was uns nicht passt, und nehmen billigend in Kauf, dass andere sich um unseren Müll »kümmern«. Wir können es uns wirtschaftlich leisten, das Schlechte zu verkaufen und das Gute einzukaufen. Und in gewissem Maße externalisieren und exportieren wir damit auch unser schlechtes Gewissen. Wer nicht täglich Kinder auf Müllkippen brauchbare Überbleibsel unserer Smartphones suchen sieht, der denkt eben auch nicht an sie.

Auch Papst Franziskus prangert unsere »Wegwerfkultur« an, Produktionsabläufe, die nicht auf Kreisläufe ausgerichtet sind, sondern aus ökologischer Sicht katastrophalen Einbahnstraßen gleichen. In *Laudato si* 22 heißt es:

»Diese Probleme sind eng mit der Wegwerfkultur verbunden, die sowohl die ausgeschlossenen Menschen betrifft als auch die Dinge, die sich rasch in Abfall verwandeln. Machen wir uns zum Beispiel bewusst, dass der größte Teil des Papiers, das produziert wird, verschwendet und nicht wiederverwertet wird. Es fällt uns schwer anzuerkennen, dass die Funktionsweise der natürlichen Ökosysteme vorbildlich ist: Die Pflanzen synthetisieren Nährstoffe für die Pflanzenfresser; diese ernähren ihrerseits die Fleischfresser, die bedeutende Mengen organischer Abfälle produzieren, welche Anlass zu neuem Pflanzenwuchs geben. Dagegen hat das Industriesystem am Ende des Zyklus von Produktion und Konsum keine Fähigkeit zur Übernahme und Wiederverwertung von Rückständen und Abfällen entwickelt. Noch ist es nicht gelungen, ein auf Kreislauf ausgerichtetes Produktionsmodell anzunehmen, das Ressourcen für alle und für die kommenden Generationen gewährleistet und das voraussetzt, den Gebrauch der nicht erneuerbaren Reserven aufs Äußerste zu beschränken, den Konsum zu mäßigen, die Effizienz der Ressourcennutzung maximal zu steigern und auf Wiederverwertung und Recycling zu setzen. Die Auseinandersetzung mit dieser Frage wäre ein Weg, der Wegwerfkultur entgegenzuwirken, die schließlich dem gesamten Planeten schadet. Wir stellen jedoch fest, dass die Fortschritte in diesem Sinn noch sehr gering sind.«

Wovon wir meinen, dass es uns zustünde

Mich verstört diese »Nach mir die Sintflut«-Haltung zutiefst. Eine solche Kurzsichtigkeit steht uns nicht gut an und lässt uns weit hinter unseren ethischen Potenzialen zurück. Gerade vor dem Hintergrund dessen, was uns Menschen doch – so die Meinung einiger – besonders auszeichnet: der Fähigkeit, uns in andere hineinzuversetzen, andere Perspektiven einzunehmen, vorausschauend und verantwortlich zu planen, dabei verschiedene Akteur*innen zu berücksichtigen und so weiter. Weshalb nutzen wir diese Fähigkeiten nicht, um uns für eine – artenübergreifende – Kollaboration stark zu machen? Weshalb nutzen wir sie zu oft gegen die Natur und nicht mit ihr? Weshalb fällt es uns so schwer, die Tatsache, dass wir Geschöpfe inmitten von Geschöpfen sind, in unsere Köpfe und Herzen zu lassen? Nicht nur scheinen wir von der Vorstellung gelenkt zu sein, dass alles für *uns* da ist oder da zu sein hat, wir dulden auch keine Verzögerung, keine Verknappung und keinen Verzicht. Die Panik, die in Deutschland zu Beginn der Covid-19-Pandemie ausgebrochen ist, als Toilettenpapier und Hefe plötzlich ausverkauft waren und selbst die, die nie zuvor in ihrem Leben Frischhefe gekauft haben, genau diese genau jetzt ganz dringend brauchten, ist sehr bezeichnend für die dahinterstehende Haltung zu meinen, dass uns alles zustünde – und zwar immer. Weshalb eigentlich genau uns? Weshalb nicht auch den Menschen in Burkina Faso oder jenen in der Ukraine? Von der Bekleidungsindustrie, der Produktion von Smartphones und Handys spreche ich erst gar nicht.

An allen Ecken und Enden wird deutlich: Wir lassen andere für uns arbeiten. Sei es in unseren Haushalten in der Care-Arbeit, sei es in weit entfernten Ländern in Sweatshops, sei es auf (Monokultur-)Plantagen, sei es als Mensch oder Tier in den Mastbetrieben, Ställen und Hallen, in denen Tiere vernutzt und menschliches wie tierliches Leben sklavisch ausgebeutet wird. Und wir Reichen haben uns daran gewöhnt, mit Geld das zu kaufen, was wir meinen zu brauchen. Ohne Scham kaufen wir tierliche Körper, um sie zu essen oder anderweitig zu vernutzen; ohne Scham kaufen wir menschliche Körper – beispielsweise für sexuelle Dienstleistungen. Wir haben uns an diese, an alle Arten von Ungerechtigkeit gewöhnt. Genau so, wie wir uns daran gewöhnt haben, dass unsere Cornflakes täglich in Kuhmilch baden, es an 365 Tagen im Jahr frische Erdbeeren im Supermarkt zu kaufen gibt und der Braten womöglich nur sonntags auf den Tisch kommt, montags bis samstags dafür aber Chicken Wings, Steaks, Hühnerfrikassee, Gulasch, Fischstäbchen und Co. Wir schimpfen über die Sklav*innenhaltung der Vergangenheit, fragen uns, wie es sein kann, dass das Apartheid-Regime so lange Bestand haben konnte, und übersehen dabei unsere eigene Mensch-Mitwelt-Apartheid.

Und gerade in kirchlichen Kreisen erlebe ich, wenn ich das unbeliebte Thema »Geld« anspreche, häufig interessante Reaktionen: Keine*r will es gewesen sein. Jede*r legt Wert darauf, die eigene Bescheidenheit zu betonen. Die, die Geld haben, haben es selbstverständlich nur, um es zu spenden. So gesehen »haben« sie es ja auch gar nicht, sie verschenken es doch – für sinnvolle Projekte. Insofern ist es wieder gut, dass sie so viel verdienen, denn wer würde sonst das Kinderheim an der Elfenbeinküste co-finanzieren können? Wer würde den Bau der neuen Orgel vorantreiben? Und wer, ja wer würde beim Pfarrfest die Würstchen ausgeben? Okay, man fahre zwar ein dickes Auto, aber immerhin erledige man die Einkäufe der Nachbarin mit.

Viele Christ*innen besitzen zwar tatsächlich eine Menge an Statussymbolen, erläutern aber wortreich, weshalb sie gerade nicht zu jenen gehören wollen, die ihren Wert am Geld festmachen. Auf den wahren Charakter käme es an, nicht auf den Eindruck, den andere von ihnen hätten aufgrund des Geldes, das sie zur Schau tragen. Im Grunde seien sie fest überzeugt, dass man gar nicht viel zum Leben brauche, und sie hätten gar kein Problem, mit weniger auszukommen (»haben wir doch früher auch locker geschafft«). Es hat sich halt so angehäuft, über die Jahre: das Geld und mit ihm die Illusion, man bräuchte das alles nicht. Warum hat man es dann? Hier kommt mir immer der so treffende (aber zugegebenermaßen schon etwas abgedroschene) Spruch von Robert Quillen in den Sinn: »Zu viele Leute geben Geld aus, das sie nicht haben, um Dinge zu kaufen, die sie nicht brauchen, um damit Leute zu beeindrucken, die sie nicht mögen.« In meinen Beispielen habe ich an die gedacht, die das Geld haben, aber auch sie beeindrucken damit jene, von deren Wertesystem sie sich dann wieder mühsam distanzieren müssen.

Dass der eigene Reichtum bei manchen Christ*innen ein Unwohlsein hervorruft, trifft selbstverständlich nicht auf alle zu. Ich erinnere mich an eine Mitgliederversammlung eines kirchlichen Hilfswerkes (ausgerechnet!), bei dem der Herr neben mir zunächst ein wenig zu spät in den großen Saal mit der langen Tischtafel der Tagenden kam, dann mit großem Geklapper Platz nahm – alle Augen auf ihn, Stille im Raum –, um dann in Zeitlupe den Schlüssel seines Porsche Cayenne sehr langsam, sehr kontrolliert und sehr mittig auf den Tisch zu legen, die Augen aufrichtete, in die

Runde schaute und – die Sitzung war ja längst unterbrochen – langsam und deutlich »Guten Tag« sagte. Auftritt gelungen. Und dann sprachen wir über die Wasserknappheit in Palästina, die Unterversorgung der Kinder in Mittelafrika, die Überschwemmung kleiner Inseln im Pazifik, über Hungersnöte, Bildungsarmut und Gewalt.

Wessen Erde ist das überhaupt?

Der US-Amerikaner James Cone stellt in seinem 1999 publizierten Aufsatz die alles bedeutende Frage: »Whose Earth Is It, Anyway?«[40] – »Wessen Erde ist das überhaupt?« Cone, selbst Christ und Bürgerrechtler der frühen Stunde, hat die Slums und Ghettos vor Augen, in denen sich die Ungerechtigkeit der Welt für ihn verdichtet. Schwarz zu sein, bedeutet für viele Menschen, eine schlechtere Gesundheits- und Altersversorgung zu haben, genauso wie schlechtere Bildungschancen, weniger Zugang zu sauberem Wasser, gesundem Essen, einer sicheren Unterkunft. Auch Frauen leiden weltweit mehr an den Auswirkungen der Klimakatastrophe als Männer. Die Intersektion, Schwarz zu sein und eine Frau, verschärft das Problem weiter. Wie Cone verdeutlicht, wehren sich Schwarze Menschen zu Recht gegen den Begriff »Anthropozän«, da er »Menschheit« zu pauschal beschreibe und damit verschleiere, dass die Schuld und Verantwortung für die Ausbeutung dieses Planeten eben nicht auf allen Schultern gleichmäßig verteilt ist. Der ökologische Fußabdruck ist gerade nicht bei allen gleich. Während die Länder des Wohlstands, wie unser eigenes Land, einen sehr großen ökologischen Fußabdruck hinterlassen, sind wir es auch, die am wenigsten von den

Auswirkungen seines Kaputttrampelns mitbekommen. Nicht nur schaden wir der Mitwelt in erheblich größerem Maße, wir bekommen die Konsequenzen noch nicht mal mehr zu spüren.

Zu spüren bekommen sie die Armen und Ärmsten der Welt, jene, die ohnehin um ihr tägliches Überleben kämpfen müssen. Sie sind es, die die Übersäuerung der Flüsse, die Vergiftung der Meere, den steigenden Meeresspiegel und die ausbeuterischen Märkte existenziell erleben.[41] Vom Menschen als Verursacher der Klimakatastrophe und des Ökozids zu sprechen, wäre derart pauschal also falsch (und trifft natürlich auch nicht pauschal auf alle Menschen hierzulande zu). Es ist demnach nur richtig, dass sich auch die Politik um Ausgleichszahlungen in Abhängigkeit zur Finanzstärke der Länder und deren Beitrag zur Vernichtung der Erde bemüht. Gerettet ist die Erde damit nicht, ein reines Gewissen belebt niemanden wieder und führt – das wissen wir – auch nicht dazu, dass die Polkappen langsamer schmelzen, Dürreperioden und Überschwemmungen abnähmen, Waldbrände nicht entfachten und die früher bestehende Biodiversität zurückkäme. Im Gegenteil: Wissenschaftler*innen warnen vor einer Zunahme von Naturkatastrophen und einem beschleunigten Artensterben.[42] Es ist ein weiteres Paradox, dass reiche Gesellschaften nicht nur weniger von den ökologischen Katastrophen betroffen sind, sie können sich auch besser vor diesen schützen.

Zur Rolle der Christ*innen angesichts der ökologischen Katastrophe

Doch weshalb geht uns diese Situation als Christ*innen in besonderer Weise etwas an? Keine Frage: Man muss nicht Christ*in sein, um zu merken, dass hier etwas nicht stimmt, man muss nicht Christ*in sein, um sich für den Erhalt der Schöpfung einzusetzen. Im Gegenteil, mit seinem blinden Fortschrittsoptimismus, seiner naiven Technikgläubigkeit und der fatalen Lehre des Menschen als einziger von G*tt um ihrer selbst willen geliebter Kreatur sowie dem Auftrag, sich die Erde zu unterwerfen, wäre es aus ökologischer Sicht besser, man hätte all diese Botschaften niemals gehört. Aber wenn man Christ*in im 21. Jahrhundert ist, dann ergibt sich daraus immer auch die Pflicht, die christlichen Lehren mit den Zeichen der Zeit zu konfrontieren und sich auf die Suche nach einem Beitrag zum Frieden zu machen. Wenn die Zeichen der Zeit eine Vernichtung des Planeten Erde bedeuten, zumindest vieler Arten auf diesem Planeten, und wir als Christ*innen davon ausgehen, dass G*tt in der Schöpfung zugegen ist, dann gebietet dies ein Engagement für den Erhalt der Schöpfung.

Nicht nur sind wir von G*tt zu Bewahrer*innen der Schöpfung bestimmt worden, wir sind es, die die Botschaft des Lebens für alle bringen sollen. Ein Leben in Fülle für alles, was atmet. Stattdessen produzieren und provozieren wir eine derartige Verteilungsungerechtigkeit, dass wir nicht nur auf Kosten anderer leben. Die Verteilungsungerechtigkeit gefährdet den Frieden – zwischen den Völkern, zwischen den Menschen und ihrer Mitwelt und zuletzt auch in uns. Wir sind es, die Lebewesen unwiederbringlich auslöschen – in Kriegen, Genoziden und Ökoziden. Innerhalb von 27 Jahren haben wir 75 Prozent der in Deutschland lebenden (Flug-)Insekten ausgelöscht.[43]

Während die Kirche der 1960er Jahre noch davon überzeugt war, dass nur der Mensch um seiner selbst willen geliebt ist, stimmt Papst Franziskus andere Töne an. So in *Laudato sí* 33:

»Doch es genügt nicht, an die verschiedenen Arten nur als eventuelle nutzbare ›Ressourcen‹ zu denken und zu vergessen, dass sie einen Eigenwert besitzen. Jedes Jahr verschwinden Tausende Pflanzen- und Tierarten, die wir nicht mehr kennen können, die unsere Kinder nicht mehr sehen können, verloren für immer. Die weitaus größte Mehrheit stirbt aus Gründen aus, die mit irgendeinem menschlichen Tun zusammenhängen. Unseretwegen können bereits Tausende Arten nicht mehr mit ihrer Existenz Gott verherrlichen, noch uns ihre Botschaft vermitteln. Dazu haben wir kein Recht.«

Ja, dass Arten sterben ist nichts Neues. Das gab es bereits vor uns (sonst wäre es nicht das Sechste Artensterben)[44], aber nie, niemals zuvor wurde ein solches Artensterben durch Menschen verursacht. Was vor 65 Millionen Jahren ein Meteorit auslöste, der in der Nähe von Yukatan auf die Erde prallte, bewirkt heute der Mensch, die angeblich intelligenteste Spezies.[45] Nach zahlreichen Genoziden sind wir es, die nun auch einen Ökozid verursachen oder zumindest dulden. Wer kann da von Frieden sprechen? Es ist eine zu häufig zitierte und zu selten umgesetzte Wahrheit: Frieden ist mehr als die Abwesenheit von Krieg.

Als Christ*innen sind wir dazu aufgefordert, Bot*innen dieses Friedens zu sein. Wir sind es, die von sich behaupten, sie würden die Liebe G*ttes, die Wertschätzung und Anerkennung allen Lebens in die Welt tragen. Tun wir das wirklich? Wir müssen uns schon an unserer eigenen Glaubensüberzeugung messen lassen: Wenn wir behaupten, dass wir zutiefst davon überzeugt sind, dass Jesus für uns gestorben ist, damit wir das Leben in Fülle haben, dann kann dieses »Wir« nie und nimmer solitär gedacht werden. Dann kann »Leben in Fülle« nur ein solidarisches Leben meinen – in gegenseitiger Solidarität und in Solidarität mit der nichtmenschlichen Schöpfung.

Deshalb sind wir dazu aufgefordert, uns für ein gutes Leben für alle, die leben möchten, einzusetzen. Aufschließende, öffnende theologische Argumente, die mehr Geschöpfen zu einem guten Leben verhelfen, sind deshalb immer jenen exkludierenden vorzuziehen, die eine kleine, sterile Gemeinschaft retten wollen. Es liegt nicht an uns, das bedingungslose »Ja«, das G*tt im Schöpfungsakt zu allen Lebewesen sprach, zu zensieren, zuzuteilen oder gar einzuschränken.

Als Christ*innen müssen wir uns deshalb immer wieder neu der Herausforderung stellen, diesen Lebenssinn zu suchen und zu fördern. Mir selbst hat sich ein Satz aus dem Credo von Dorothee Sölle für alle Zeit eingeprägt. Hier heißt es: »jeden tag habe ich angst dass er umsonst gestorben ist.«[46] Auch ich spüre diese Angst: Diese Angst, von einem Jesus zu sprechen, zu lehren, die Botschaft der Liebe zu artikulieren, die Dankbarkeit für einen schmerzhaften Tod am Kreuz zu äußern und sie von anderen einzufordern und mich zugleich in einer Lebenswirklichkeit wiederzufinden, die nicht weiß, ob Jesu Tod nicht doch umsonst gewesen sein wird. Umsonst, weil wir, weil ich es nicht schaffe, das Leben, das Jesus in die Welt brachte, den Neuanfang und das Licht in die Welt zu tragen. Weil auch ich vernichte, ausbeute, jammere und töte. Dieser Stachel im Fleisch wird mich wohl mein ganzes Leben lang begleiten. Eine bunte Mischung ist das, dieses Christin-Sein: Eine Mischung aus der genannten Angst, dieses Zeugnis der Liebe und des Lebens zu verraten auf der einen Seite, und dieser unendlichen Kraft und Hoffnung, die genau aus der Liebe G*ttes und aus G*ttes Auftrag an und Vertrauen in mich wächst und gespeist ist, auf der anderen Seite.

Ich möchte hier nicht falsch verstanden werden: Bei all der Kritik klage ich mich selbst mit an. Ich bin Teil der Bevölkerung, die am dringlichsten umkehren und ihren Lebensstil ändern muss. Als Mitglied von »Scientists for Future« habe ich eine Selbstverpflichtungserklärung unterzeichnet, in der ich verspreche: »...auf dienstliche Kurzstreckenflüge bis 1.000 km zu verzichten, wenn die Reise mit alternativen Verkehrsmitteln in maximal 12 Stunden durchführbar ist«[47]. Und so fahre ich mit der Bahn von München nach Lund, von Dresden nach Graz oder von Oldenburg nach Oxford statt zu fliegen. Ich habe in meinem Leben bisher kein Auto besessen, versuche, keine tierlichen Produkte zu essen (was mir zu Hause auch gelingt), achte beim Kleidungskauf auf Siegel wie jene der »Fair Wear Foundation«. Wenn ich Kunststoffprodukte kaufe (Rucksack, Regenjacke etc.), suche ich stundenlang nach Produkten mit einem möglichst hohen Anteil an recyceltem Plastik, meine Regenhose ist aus recycelten PET-Flaschen. Ich verfolge Produktionsketten zurück, achte auf eine regionale und saisonale Ernährung, habe Kleidungsstücke, in denen ein Zettel eingenäht ist, der mich rückverfolgen lässt, in welcher Fabrik mein Kleidungsstück wann produziert wurde. Ich verzichte weitestgehend auf Plastikprodukte, trage meine Kleidung auf, bis sie Löcher hat, kaufe in Second Hand Läden. Und dennoch: Auch ich fliege in die USA zu einer 4-tägigen Konferenz und halte dort Vorträge über Schöpfungstheologie. Ich sitze täglich stundenlang an meinem Rechner, bediene Server, die viel zu viel Energie verbrauchen, surfe im Internet, fahre (manchmal) mit dem Leihwagen in den Urlaub. Ich zahle Steuergelder an einen Staat, der Autofahren höher prämiert als E-Bikes und Lastenräder.

Ich muss keinen SUV fahren und nicht täglich in großen Mengen Fleisch essen, um mich als Teil eines Systems zu empfinden, das man theologisch als strukturell sündig bezeichnen muss. Ein System, in dem es selbst jenen, die besser leben möchten, nur schwer möglich ist. Auch ich gehöre zu den Super-Emittent*innen. Ich lebe in einer Großstadt, die einst viele verschiedene Tiere ihr Zuhause nannten. An einem Fluss, dessen Flussbett und Auen bis vor wenigen Jahrzehnten von einer Vielfalt von Insekten bewohnt war. Hier standen Bäume, in denen Vögel nisteten, Sträucher, in denen Wildbienen lebten. Und jetzt: Beton. Wohnblöcke. Dazwischen Kinderspielplätze. Sauber angelegte Parks, mit gemähten Rasenflächen, künstlichen Bachläufen, gärtnerisch wohlfeilen Baumalleen, dazwischen Skaterbahnen und asphaltierte Rad- und Inlinerwege – ohne störende Baumwurzeln.

Für meinen Lebensstil brauche ich diese Infrastruktur und gleichzeitig kommt sie mir so unendlich paradox und fehlgeleitet vor, so erd-entfremdet, so künstlich, so steril und produktiv. Mein Lebensstil fühlt sich falsch an und doch ist er so vertraut. Und er ist absolut privilegiert. Einkommensmäßig und von meiner sozialen und wirtschaftlichen Sicherheit her gehöre ich zu den unbedingten Gewinner*innen dieses Landes. Na schön, denken Sie vielleicht, dann kann sie doch etwas abgeben von dem, was sie hat – und recht haben Sie. Und das tue ich auch. Und dennoch: Es kommt nicht nur darauf an, dass die Reichen mehr geben, sie (und somit auch ich) müssen weniger nehmen. Denn das, was wir geben können, ist Geld. Das, was wir nehmen, ist Leben.

Wir müssten manchmal vielleicht nicht fragen, was wir mehr tun können, sondern, was wir weniger tun können. Das »Green Sabbath Project«, ein weltweit agierendes, ökobewegtes Netzwerk jüdischer und andersgläubiger Engagierter, stellt auf seiner Website die Frage: »Gibt es wirklich nichts, das ich für die Umwelt tun kann?« Und die Antwort: »Nichts mag eines der besten Dinge sein, die Du tun kannst.«[48] Ziel dieses Zusammenschlusses ist es, den Sabbath, die (wirkliche) Krone der Schöpfung, wieder mehr achten zu lernen. Als Tag der Ruhe und Erholung – nicht nur für den Menschen. In Ex 23,12 heißt es: »Sechs Tage lang sollst du für deinen Lebensunterhalt arbeiten. Aber am siebten Tag sollst du alles liegen lassen, damit auch dein Rind und Esel ausruhen können und Sklave und Sklavin sowie Gastarbeiterin und Gastarbeiter sich erholen.«

Am siebten Tag, so die Bildsprache der ersten Schöpfungserzählung, hat G*tt alles Geschaffene nochmals wahrgenommen und für gut befunden. Die Bibel in gerechter Sprache übersetzt Gen 2,2–3 so: »G*tt aber brachte das eigene Werk am siebten Tag zum Abschluss, indem sie am siebten Tag von all ihrem Werk ruhte, das sie getan hatte. Und G*tt segnete den siebten Tag und machte ihn heilig. Denn an ihm ruht sie von all ihrem Werk, das G*tt geschaffen hat, um zu wirken.« Der Ruhetag ist also geheiligt – die Ruhe und Rückschau, die Reflektion und Dankbarkeit, dafür ist uns G*tt ein Vorbild. Symbolisch gesprochen: an einem Tag in der Woche. Wenn selbst G*tt am Sabbath ruhte, dann können wir in der Ruhe G*tt nahe sein. Dann ist die Ruhe und das Wahrnehmen der gesamten Schöpfung, der Rückblick auf das Schöpfungswerk, auf das, was da ist, ein Moment des Innehaltens und Staunens – und der Dankbarkeit.

Kaum vorstellbar, ob und was sich verändern würde, würden wir uns alle einen ganzen Tag in der Woche nur zur Betrachtung der Schöpfung und unserer Rolle darin Zeit nehmen und in diesem Zusammenhang auch unser gegenseitiges Miteinander reflektieren. Ob wir uns selbst so verhalten, dass unsere Mitwelt geachtet und erhalten wird? Ob wir einander so begegnen, dass der Respekt vor dem Leben des jeweils anderen im Vordergrund steht? Ob wir unseren Beitrag zu einer vitalen und fruchtbaren Welt leisten? Und ob wir uns in all dem, was um uns herum ist, überhaupt noch als Akteur*innen wahrnehmen und spüren? Denn das sind wir und dazu sind wir aufgerufen: Wir sind Mit-Schaffende, Co-Kreaturen im immerwährenden schöpferischen Prozess. Wir sind mit eigener Macht und Freiheit ausgestattet und werden so selbst schöpferisch (oder zerstörerisch) tätig. G*tt hat alle Kreaturen zu G*ttes Partner*innen im Schöpfungsprozess gemacht – eine enorm verantwortungsvolle Rolle. Wir sollten sie ernstnehmen. Und nicht vergessen: Wir können nicht nicht handeln. Auch diejenigen, die fatalistisch durchs Leben gehen, längst aufgegeben haben, an sich und ihren individuellen Beitrag zu glauben, jene, die mit der Haltung »bringt doch eh alles nichts« oder gar »G*tt wird sich bei all dem schon was gedacht haben«, die ihren Alltag nur »absolvieren« oder »ertragen«, auch jene handeln. Auch die Super-Frustrierten, die den »Fridays for Future«-Engagierten, den Veganer*innen oder radfahrenden »Ökos« mit all ihrer Aggression und ihren aufgestauten negativen Gefühlen verdeutlichen wollen, dass sie als Individuen sowieso nichts an der Ungerechtigkeit der Welt ändern könnten, weil »die Politik« das tun müsse, aber von »denen da oben« ja ohnehin nichts zu erwarten sei, all jenen sei gesagt, dass auch sie einen Beitrag leisten – wenn auch mit ernüchternder Bilanz.

Im Prozess des Lebens gibt es keine Neutralität. Und auch der beliebte Satz »das muss halt jede*r für sich selbst entscheiden« hilft nicht weiter, wenn unsere Welt uns zeigt, dass dieses »jede*r für sich« zum Sechsten Artensterben, zu Ökozid und Klimakatastrophe geführt hat. Wir leben nun mal nicht nur für uns allein, nicht »jede*r für sich«, und deshalb kann auch niemand Entscheidungen treffen, die nur ihn oder sie alleine betreffen. Als soziale Wesen haben all unsere Entscheidungen Konsequenzen für andere. Diese Einsicht soll uns nicht lähmen, sie soll uns dazu ermutigen, unsere Verantwortung ernst zu nehmen, zuzupacken, unsere sozialen Netzwerke zu nutzen, um gemeinsam Visionen für eine gute Zukunft zu entwickeln. Je mehr Individuen wir bei unseren Entscheidungen berücksichtigen, desto nachhaltiger sind diese. Es geht darum, über den eigenen Tellerrand zu schauen. Der christliche Glaube hilft uns dabei, uns selbst nicht als Maßstab aller Dinge zu sehen. Den Willen G*ttes zu suchen, G*ttessucher*innen zu sein heißt gerade nicht, unsere individuellen Interessen auf Biegen und Brechen durchzusetzen. Es heißt, von der Würde aller Kreaturen auszugehen, die G*tt (nicht wir!) ihnen mit ihrem Lebensatem gegeben hat. Es heißt, das Zeugnis der Nächstenliebe auf all unsere geliebten (und weniger geliebten) Nächsten hochzuhalten, uns gegenseitig dazu anzuhalten, uns dabei zu unterstützen, die anderen nicht aus dem Blick zu verlieren, nicht herabzuwürdigen.

Und mit »anderen« meine ich nicht nur unsere menschlichen Geschwister. Papst Franziskus warnt eindringlich davor, sich Menschen gegenüber, die eine besondere Beziehung zu Tieren oder zur Natur verspüren, überheblich zu zeigen oder deren Verbundenheit mit dem nichtmenschlichen Leben als pure »Naturromantik« abzutun – ein Vorwurf, den ich mir übrigens sehr häufig auf Fachtagungen anhören muss. So nimmt Papst Franziskus in *Laudato si* 11 auf seinen Namenspatron, den Heiligen Franz von Assisi, Bezug, von dem bekannt ist, dass er eine intensive Beziehung zu Tieren und zur weiteren Natur hatte:

»Sein Zeugnis zeigt uns auch, dass eine ganzheitliche Ökologie eine Offenheit gegenüber Kategorien verlangt, die über die Sprache der Mathematik oder der Biologie hinausgehen und uns mit dem Eigentlichen des Menschen verbinden. Wie es uns geht, wenn wir uns in einen Menschen verlieben, so war jedes Mal, wenn er die Sonne, den Mond oder die kleinsten Tiere bewunderte, seine Reaktion die, zu singen und die anderen Geschöpfe in sein Lob einzubeziehen. Er trat mit der gesamten Schöpfung in Verbindung und predigte sogar den Blumen ›und lud sie zum Lob des Herrn ein, wie wenn sie vernunftbegabte Wesen wären‹. Seine Reaktion war weit mehr als eine intellektuelle Bewertung oder ein wirtschaftliches Kalkül, denn für ihn war jedes Geschöpf eine Schwester oder ein Bruder, ihm verbunden durch die Bande zärtlicher Liebe. Deshalb fühlte er sich berufen, alles zu hüten, was existiert. Sein Jünger, der heilige Bonaventura, erzählte: ›Eingedenk dessen, dass alle Geschöpfe ihren letzten Ursprung in Gott haben, war er von noch überschwänglicherer Zuneigung zu ihnen erfüllt. Auch die kleinsten Geschöpfe nannte er deshalb Bruder und Schwester.‹ Diese Überzeugung darf nicht als irrationaler Romantizismus herabgewürdigt werden, denn sie hat Konsequenzen für die Optionen, die unser Verhalten bestimmen. Wenn wir uns der Natur und der Umwelt ohne diese Offenheit für das Staunen und das Wunder nähern, wenn wir in unserer Beziehung zur Welt nicht mehr die Sprache der Brüderlichkeit und der Schönheit sprechen, wird unser Verhalten das des Herrschers, des Konsumenten oder des bloßen Ausbeuters der Ressourcen sein, der unfähig ist, seinen unmittelbaren Interessen eine Grenze zu setzen. Wenn wir uns hingegen allem, was existiert, innerlich verbunden fühlen, werden Genügsamkeit und Fürsorge von selbst aufkommen. Die Armut und die Einfachheit des heiligen Franziskus waren keine bloß äußerliche Askese, sondern etwas viel Radikaleres: ein Verzicht darauf, die Wirklichkeit in einen bloßen Gebrauchsgegenstand und ein Objekt der Herrschaft zu verwandeln.«[49]

Im päpstlichen Schreiben *Querida Amazonia* (QA) bringt Papst Franziskus wörtlich zusammen, was auch faktisch nicht zu trennen ist. Er spricht von Misshandlungen gegenüber Völkern (QA 49) und der »Misshandlung und Ausbeutung von Mutter Erde« (QA 42). Es ist sehr schmerzlich, dass unser »Lebenssystem« nur deshalb funktioniert, weil wir uns unsere Ausbeutungsverhältnisse gerade nicht bewusst machen. Ich bin fest davon überzeugt: Würden wir uns täglich damit auseinandersetzen, welche Lebewesen leiden müssen, damit wir so leben können, wie wir leben, wir würden es emotional nicht aushalten. Wir würden an dem Leid zerbrechen, das wir produzieren oder hinnehmen. Dass wir so weit gekommen sind, nur durch systematische Ausblendung und Verdrängung unser Leben und unseren Luxus derart »genießen« zu können, ist wirklich absurd. Filme von modernen Sklav*innen in Sweatshops und Bordellen sind uns längst bekannt, Bilder von Eisbären auf einzelnen Schollen – geschenkt. Filmmaterial aus unseren Ställen, Tonmaterial von Kälbchen, die ihren Müttern entrissen werden – wir sind nicht mehr schockiert. Wir haben uns an das Unheil gewöhnt. Ist halt so.

Ideologisch liegt diesem Leben die Abwertung von anderen und anderem zugrunde, und damit eine Lehre, der das Christentum vehement widersprechen muss. Im ersten Kapitel habe ich ausgeführt, dass G*ttes Segen, das »Für-Gut-Befinden« allen Lebens, eben nicht nur auf uns Menschen zutrifft. G*tt schafft weder durch Zufall noch nur für uns Menschen allein. Alles Leben ist bewusst von G*tt gewollt und ins Dasein gebracht. Wer sind wir, dass wir es so leichtfertig und mit solch fadenscheinigen Gründen ausbeuten oder beenden? Würden wir einander in der gleichen Geschwindigkeit töten, in der wir nichtmenschliche Lebewesen töten, wir wären innerhalb von 17 Tagen ausgestorben.[50]

Die unterschiedlichen Wertigkeiten von Lebewesen, das müssen wir uns immer wieder verdeutlichen, haben wir Menschen so festgelegt, nicht G*tt. Sie ist nicht vorgegeben. Schwarze Menschen sind exakt so viel wert wie *weiße*. Ein Hundeleben ist exakt so wertvoll wie ein Taubenleben. Ein Mensch mit einem Bein exakt so viel wie ein Mensch mit zwei Beinen. Ein*e Christ*in ist exakt so viel wert wie ein*e Muslim*in. Wir sind es, die das Leben in »besser« und »schlechter«, »leistungsstärker« und »weniger leistungsstark« einteilen. Wir sind es, die anderes Leben als »anders« deklarieren und damit zugleich meinen »nicht so viel wert wie unseres«. Wir kennen diese Abwertungslogiken aus dem Rassismus, aus dem Antisemitismus, dem Anti-Genderismus, dem Speziesismus, dem Ableismus und und und. Man versteht darunter jeweils die Eingruppierung von bestimmten Lebewesen – zum Zweck ihrer Abwertung. Weil sie nicht so sind wie »wir«, sind sie weniger wert als wir, und deshalb dürfen wir ihr Leben für uns nutzen, ausnutzen, geringschätzen.

Diese Logik ist keine g*ttliche, es ist eine menschliche. Und weil wir es sind, die sie aufgestellt und gepflegt haben, sind wir es auch, die sie ändern können. Das ist es, was Anlass zur Hoffnung gibt.

3
Warum früher (nicht) alles besser war: Ökologische Bildung als Herzensbildung

Als ich vor einigen Jahren den Roman *Wann wird es endlich wieder so, wie es nie war* von Joachim Meyerhoff mit großer Freude las, dachte ich: »Was für ein genialer Titel«. Ereilt nicht auch gerade jene, die sich mit mitweltethischen Fragen, dem Klimaschutz und den sozialen und ökologischen Prozessen unseres Planeten befassen, ab und an eine gewisse nostalgisch-verklärte Vorstellung früherer Zeiten, als die Welt scheinbar noch »in Ordnung« oder zumindest »besser« war?

Doch: Wann genau war dieses »Früher«? Hierauf gehen die wenigsten ein. Gemeint ist meist entweder ein diffuses »als die Menschen noch Jäger*innen und Sammler*innen waren« oder eine Zeitspanne von vor zweihundert Jahren, jene Zeit, die noch Teil unserer biografischen Oral History ist, von der wir noch aus Erzählungen der Großeltern unserer Großeltern wissen. Grob wird hier dann auf die Lebensweise unserer Vorfahren im 18. oder 19. Jahrhundert Bezug genommen, eine Zeit vor der Zeit also, die wir nun »Anthropozän« nennen. Jene Zeit auch, die uns von Gemälden und Schwarz-Weiß-Fotografien bekannt ist sowie natürlich aus der Literatur. Eine Zeit vor der industrialisierten Massentierhaltung, vor Mastanlagen im großen Stil, vor Tierkörperzerteilung am Fließband, vor überfischten Meeren, übersäuerten Gewässern, schmelzenden Gletschern, vor Wallabys, die auf der Flucht vor den australischen Waldbränden in die Wohnzimmer der Menschen flüchten, vor Straßen mit unzähligen Autos, vor Kondensstreifen am Himmel, verursacht durch unsere Flugzeuge, vor 24/7 geöffneten Supermärkten, Flugmango und der täglichen Ration Fleisch, vor Zivilisationskrankheiten wie Burnout, Erkrankungen des Herz-Kreislauf-Systems, Diabetes, Spiel-, Sex- und Internetsucht und dem Verlagern von sozialen Beziehungen in das World Wide Web. Früher halt, als alles besser war.

War »Früher« wirklich eine bessere Zeit?

»Im Gegenteil, heute geht es uns doch viel besser als früher«, werden andere sagen. Seit den letzten 200 Jahren hat sich das Leben in vielen Bereichen drastisch verbessert, merken jene zu Recht an. Nie war die Lebenserwartung höher, nie waren so wenige Menschen von Armut und Hunger bedroht, nie waren wir in unserem alltäglichen Leben so effizient (Stichwort Waschmaschinen und Trockner, sehr gute Verkehrssysteme, Staubsauger- und Rasenmäherroboter, digitale Kommunikation, per App steuerbare Backöfen und, ganz wichtig und nicht zu vergessen: der Thermomix). Und beinahe hätte ich geschrieben: Nie war der Frieden so sicher wie heute. Beinahe. Bis vor wenigen Tagen noch. Während ich diese Zeilen schreibe, mitten in der Fastenzeit 2022, wache ich mit Schreckensnachrichten aus dem Krieg Russlands gegen die Ukraine auf und lege mich mit neuerlichen Schreckensnachrichten schlafen. Klar, Krieg hat es in den vergangenen Jahren auch gegeben, Fliehende des afrikanischen Kontinents suchten in Deutschland ein neues Zuhause. Seit ich denken kann, ist irgendwo Krieg. Aber es ist auch eine menschliche Sache, dass der Krieg in benachbarten Ländern uns mehr betrifft als der, der weit weg geführt wird. Damit möchte ich nicht sagen, dass der eine schlimmer ist als der andere. Jene Stimmen, die jetzt mit absoluter Berechtigung darauf hinweisen, dass Europa zu wenig zur Befriedung der kriegerischen Kämpfe in ihren Ländern beigetragen hat, haben recht. Aber der ukrainischen Bevölkerung nun nicht zu helfen, weil wir uns aus den Kriegen und Krisen der nordafrikanischen Länder zu sehr rausgehalten haben und diese darüber hinaus durch unseren Waffenexport subventioniert haben, kann nicht die Lösung sein.

Der Ukraine-Krieg ist in vielfacher Weise getarnt: Putin versucht, uns einen Religionskrieg zu verkaufen, oder einen Krieg um Bodenschätze. Glauben wir das?

Und auch hier stellt sich mir wieder die Frage: Woher kommt die Vorstellung, auf einer zur treuhänderischen Bewahrung aufgegebenen, geliehenen Erde irgendetwas »Erdliches« seinen Besitz nennen zu können? Ist es nicht völlig absurd, dass die Herrschenden dieser Welt die Weltenmeere unter sich aufgeteilt haben? Hier geht es nicht um Zuständigkeiten, im Sinne von: Man habe sich aufgeteilt, wer für welches Gebiet im Besonderen für die Bewahrung desselben zuständig und verantwortlich sei. Hier geht es um Macht, um Beherrschen, um Untertänigkeit.

Sie und ich: die Fortschrittsgewinner*innen

Es stimmt, die Geschichte der Menschheit ist in vielfacher Hinsicht eine Geschichte des Fortschritts. Sehr vieles hat sich zum Positiven entwickelt. Dabei muss aber immer auch bedacht werden, dass längst nicht alle vom Fortschritt profitiert haben. Eroberungen, Erfindung und Produktion waren nicht umsonst. Der Preis, der hier gezahlt wurde, ist Kolonisation, Sklaverei, Genozide, die Ausbeutung von Menschen und der nichtmenschlichen Umwelt. Ich knüpfe hier an meine Ausführungen im zweiten Kapitel an. Der Philosoph Fabian Scheidler macht deutlich, dass nur etwa 20 bis 30 Prozent der Menschen Nutznießer*innen des Fortschritts und technokratischen Paradigmas eines kapitalistischen Systems sind, dessen Maxime es ist, aus Geld noch mehr Geld zu machen. 70 bis 80 Prozent der Menschheit mussten bitter für die Durchsetzung dieses Systems bezahlen.[51]

Das bedeutet, dass sich für die wenigsten Menschen das Leben der letzten 200 Jahre in beachtlichem Maße zum Besseren gewandelt hat. Wer am wenigsten profitiert hat, waren die People of Color, nichtmännliche Menschen sowie – und vor allem – die nichtmenschliche Mitwelt. Wenn wir über den Fortschritt sprechen, dürfen wir niemals vergessen: Wir sind die Fortschrittsgewinner*innen! Ich und Sie auch. Allein die Tatsache, dass Sie sich dieses Buch leisten konnten, die Möglichkeit hatten, es in einer Buchhandlung zu kaufen, im Internet zu bestellen oder mit Ihrem Bibliotheksausweis in die lokale Bücherei oder Bibliothek zu gehen, um es auszuleihen, unterscheidet Sie (und mich) von vielen anderen Menschen.

Auch hier sind natürlich direkt Einwände gegen einen

etwaigen Fortschrittspessimismus zu erheben: Hat der Fortschritt nicht auch Windräder hervorgebracht? Und die Nutzung alternativer Energieressourcen? Haben wir nicht das Ozonloch geschont? Teilen wir unsere Kenntnisse (etwa im medizinischen Bereich) nicht auch mit den Armen und Ärmsten und mit den Tieren? Ist es nicht für Mensch und Tier besser, von einer weit entwickelten medizinischen Versorgung zu profitieren? Ist es nicht auch für die Pferde und Klauentiere eine Errungenschaft, nicht mehr als Kriegswaffen eingesetzt zu werden und vor der harten Feldarbeit verschont zu sein? Und auch für unsere Hunde ist es doch erfreulich, dass in den 1990ern das Verbot des Hundeschlachtens in der Bundesrepublik Deutschland endlich verabschiedet wurde, oder etwa nicht?

Ja! Absolut! Und auch: Nein! All die genannten Situationen, die sich auf den »Umgang« und die Interaktion mit unseren nichtmenschlichen Gefährten in den vergangenen Jahrhunderten beziehen und sich – zumindest in Europa – so abspielten, sind passé, und ja, das ist ein echter kultureller und ethischer Fortschritt. Die Frage ist nur: Gehören solche Szenen der systematischen und strukturellen Ausbeutung anderen Lebens, der Versklavung und unerträglichen Gewalt wirklich der Vergangenheit an? Oder haben wir sie nur in andere Bereiche verlagert? Und reflektieren wir die »Nebenkosten« des Fortschritts genug? Schenken wir ihnen ethisch-moralische Berücksichtigung? Diskutieren wir über sie und wägen ab? Informieren wir uns über Wertschöpfungsketten, Geldtransfer, Banken- und Finanzmärkte, medizinische Versuche und Tests an unseren Mitmenschen, Tieren und Böden, oder sind wir froh, bisher immer zu denjenigen gehört zu haben, die das größte Stück des Kuchens abbekamen? Haben solch kritische Themen Raum in unseren Kirchengemeinden, bei Versammlungen der Gläubigen? Gibt es bei Ihnen in der Gemeinde Informations- und Bildungsabende zu solchen Themen und haben Sie die Möglichkeit, sich auch als Christ*in nach Ihrer Verantwortung zu fragen und sich hierüber mit anderen auszutauschen? Und wenn nicht: Warum organisieren Sie nicht mal einen solchen Abend? Was hält Sie davon ab, die Diskussion anzustoßen, den Stein ins Rollen zu bringen?

Der Schutz des Ozonlochs, das in meiner Erinnerung eines der wenigen ökologischen Engagements der 1980er und 90er Generation war, (ich erinnere mich noch dunkel an den Appell, die Haarspraydose genau auf den »FCKW frei«-Hinweis zu prüfen), scheint angesichts unserer aktuellen ökologischen Katastrophe lächerlich. Der medizinische Fortschritt, so begrüßenswert er ist und so sehr ich selbst schon von diesem profitieren durfte und darf, unterliegt der Lobby der Pharmakonzerne. Die »gute« medizinische Versorgung geht hier nicht nur im wörtlichen Sinne über unzählige (Tier-)Leichen – meist Kleintiere und Nager, auch Hunde und Primaten –, die ihr Leben für medizinische Tierversuche hingeben müssen. Die BUKO Pharma-Kampagne deckt seit Jahren Skandale der Pharmabranche auf und zeigt, wie sehr der Schutz von Profit und Patent häufig vor dem Schutz von Menschen steht.[52] Auch die medizinische Versorgung von Tieren ist ein durch und durch von wirtschaftlichen Interessen gelenkter Sektor, sie dient letztlich meist einer effizienteren Ausbeutung von Tieren.

Wenn der Fortschritt nach Tod riecht

Schon seit meiner frühen Jugend bin ich regelmäßig bei einem Großtierarzt »mitgefahren«. Viel habe ich dabei gelernt, erfahren und gesehen. Eine seiner Aufgaben bestand in der »Fleischbeschau« der in seinem Kreis geschlachteten Tiere. Mit 14 Jahren nahm er mich zum ersten Mal mit, um einen Schlachtprozess von der »Anlieferung« bis zur Entnahme der Trichinenprobe zu erleben. Seither habe ich mehrfach gesehen, wie Schweinen der Bolzenschuss versetzt wurde, wie Pferde ausgeblutet sind, 1000 Kilogramm schwere Bullen aus dem Stand zusammenbrachen und Schafen beim Schächten die Kehle aufgeschnitten wurde. Das Geräusch, wenn ein so großes Tier auf einem gefliesten Boden zusammenbricht, die weit aufgerissenen Augen, der Schrei der Schweine, der Geruch von warmem Blut, der Geruch von Kühlhallen mit toten Tieren, all dies blieb jedes Mal sehr lange an meinen Kleidern und Haaren und noch viel länger in meinem Gedächtnis und meinem Herzen hängen. Und obwohl ich wusste, dass genau jene für mich kaum zu ertragende Aufgabe auf mich zukommen würde, wollte ich nichts lieber als Tiermedizin studieren. Und so kam es dann auch: Ich studierte Veterinärmedizin in Leipzig – zunächst jedenfalls.

Im Rahmen dieses Studiums absolvierte ich unter anderem ein achtwöchiges Praktikum auf einem staatlich anerkannten landwirtschaftlichen Ausbildungsbetrieb. Neben Ackerbau und Gärtnerei wurden hier Fleisch- und Milchkühe, Hühner, Kaninchen, Wachteln und Schweine »gehalten«. Geschlachtet wurde vor Ort. Nach und nach lernte ich den Betrieb und die Tätigkeiten in den je unterschiedlichen Tierbeständen besser kennen: Die tonnenschweren Zuchtbullen, die durchgedrehte Jungbullenherde, die Mastrinder und die Milchkühe.

Eine Zeit lang begann mein Tag um fünf Uhr am Melkstand: Beim Melken waren wir sehr behutsam, haben die Euter vor dem Anlegen der Melkmaschinen gereinigt und angemolken sowie akribisch darauf geachtet, dass keine Zitze abgeknickt in den Sog der Melkschläuche gerät. Da es sich um einen Biolandbetrieb handelte, standen die Kühe nicht auf Spaltenböden und auch nicht in Anbindehaltung und doch: Selbst hier lernte ich Euterentzündungen kennen. Euter, die blutige Milch gaben, sogenannte »rosa Milch«, die im von den Maschinen vorgegebenen Rhythmus durch die durchsichtigen Schläuche schoss; vereiterte Klauen, Kühe, die auf drei Beinen liefen. Und das, obwohl es sich nicht um »Turbo-Kühe« mit einer Milchleistung von 60 Litern pro Tag (im Vergleich: »normal« sind circa 20 Liter) handelte. (»Turbo-Kühe« existieren nicht in Bioland-Betrieben, da sich eine solche Milchleistung nicht ohne massive Antibiotikazufuhr zur Vermeidung von ständigen Euter- und Klauenentzündungen aufrechterhalten lässt). Ich traf Kälbchen, die erbärmlich nach ihren Müttern schrien und denen ich dann angerührtes Milchpulver mit etwas von der »rosa Milch«, die sich in den Milchflaschen der Verbraucher*innen nicht so gut macht, in Saugeimern über ihren Pferch hielt. Mehrmals die Woche kam die Tierärztin. Meist hatte sie eine der folgenden »Gerätschaften« bei sich: Entweder ein Ultraschallgerät, mit dem intrauterin die Schwangerschaft der Küche überprüft wurde, oder ein Röhrchen Sperma, das sie zum Auftauen im Schaft zwischen Wade und Gummistiefelwand an ihrem Bein trug. Damit Kühe Milch geben, müssen sie permanent schwanger gehalten werden. Dies und die Veränderungen an ihrem Skelett durch die zu schweren Euter etc. reduzieren ihre Lebensspanne von 20 bis 30 Jahren auf fünf Jahre.

Meine nächste »Station«: Schweine. Hier war Füttern und Ausmisten angesagt. Die Bioland-Ställe mit kleinen Outdoor-Laufställen sind luftiger als anderswo und doch: Auch hier lagen Schweinemütter in Ständern, um ihre Babys nicht tot zu drücken. Auch hier sah ich Bisswunden an den Ringelschwänzen und auch hier wurden die Sauen in Besamungsständen, die auf Englisch den so bezeichnenden Namen »rape racks«, also »Vergewaltigungsständer«, tragen, künstlich befruchtet.

Weiter ging es zu den Kaninchen (wie die Wachteln eine Spezialität auf der Speisekarte des hofeigenen Sternerestaurants). Beim Ausmisten einiger schon länger leer stehender Ställe stieß ich mit meiner Mistgabel auf etwas Weiches: Kleine, sehr kleine, blinde, erfrorene Hasenbabys. »Überschuss« – wie mir verständlich gemacht wurde.

Die nächste Station war die von Weitem zu riechende Hühnerhalle. Tausende Hühner rannten hier auf dem Boden herum oder saßen apathisch in der Ecke. Der Lärm war enorm, der Geruch ebenfalls. Und jetzt die Aufgabe für die Praktikantin: Das Aussortieren der schwächlichen Küken – inmitten von Tausenden Hühnern. Inmitten der Eltern dieser Hühnerkinder. Wie ich das denn machen solle, fragte ich. Man gab mir einen langen Stab mit einem Haken am Ende und führte mir vor, wie ich mich anpirschen und dann die Langsamen mit dem Haken an den Beinen erwischen und aus der Gruppe rausholen solle. Und dann? Was soll ich dann mit den Kleinen machen? Medizin geben? Gelächter. Man stellte mir zwei große Säcke hin: Ich sollte den Küken das Genick brechen, indem ich ihnen den kleinen Kopf umdrehte bis es knackte, ihn abzog und den Kopf in dem einen Sack, den kleinen Federkörper in dem anderen entsorgte. Die Idylle der Öko-Landwirtschaft.

Wie es in konventionellen Betrieben zugeht, sah ich im Rahmen von weiteren Praktika und sehe es noch heute: Jedes Jahr im März begleite ich meine Freundin Anja, die Tierärztin ist, für eine Woche bei ihren Tag- und Nachtdiensten. Auf den langen Autofahrten zwischen den Höfen sprechen wir immer wieder über das, was wir gerade erlebt und gesehen haben. Viele von Anjas Einsätzen ließen sich vermeiden, würde man die Tiere nicht derart überfordern und ausbeuten: Starke Medikamente, die verabreicht werden müssen, weil die Tiere schlecht gehalten werden, man aufkommende Infektionen zu lange ignoriert hat, oder die Tiere nicht schonen wollte. Kaiserschnitte bei Kühen, die von viel zu großen Bullen gedeckt wurden (bzw. mit dem Sperma von viel zu großen Bullen befruchtet wurden) und deren Babys zum Zeitpunkt der Geburt so groß sind, dass diese sie – rein anatomisch – niemals zur Welt bringen könnten. Oder wenn es doch noch eine »natürliche« Geburt wird, mit entsprechender Unterstützung durch menschliche Kraft und »Gerätschaften«, dann nur mit massiven Komplikationen (wie Gebärmuttervorfällen) im Nachhinein.

Ich kenne Anja seit 20 Jahren. Viel haben wir gemeinsam erlebt und durchgestanden (unendlich mehr hat sie alleine durchstehen müssen). Einen »Einsatz« werde ich niemals vergessen: Es war eine regnerische und kalte Nacht, in der »wir« zu einem Notfall gerufen wurden: Eine kleine, junge Kuh stand weit hinten auf einer schlammigen Weide, pitschnass. Seit Stunden versuchte sie ihr Baby zur Welt zu bringen. Schnell stellte Anja fest, dass das Kuhbaby längst tot war. Mittlerweile wusste ich, was das bedeutete: Es musste den Mutterleib so schnell wie möglich verlassen, da sonst eine Vergiftung drohte. Der »Besitzer« der Kuh machte uns unmissverständlich und sehr unfreundlich klar, dass die Kuh überleben müsse, er hätte sie schließlich gerade erst gekauft und »bräuchte« sie noch. Während Anja ihren Blick nicht von der Kuhmutter abwandte, fragte sie den Bauern, wer denn der Vater des Kuhbabys sei. Es sei ein Black Angus, so der Farmer, schließlich wolle er das Kälbchen als lukrativen Fleischlieferanten nutzen.

In dem Moment veränderte sich Anjas Körperhaltung und Gesichtsausdruck. Ich hatte gelernt, dass Black Angus sehr massige Tiere sind, viel zu groß für diese zierliche Kuhfrau. Anja schaute mich an, gab mir zu verstehen, dass wir etwas aus dem Auto holen müssten und erklärte mir auf dem Weg dorthin, dass sie das tote und bereits steife Kälbchen vermutlich nicht würde »rausziehen« können. Und so war es. Im Märzregen auf einer Schlammweide stehend, gab sie der Mutterkuh sehr still, sehr bedacht, sehr langsam Schmerzmittel. Ohne weitere Worte zu wechseln liefen wir abermals den Weg zurück zu Anjas Auto, holten ihren »Werkzeugkoffer«. Was dann folgte, hat mich verändert: Im Dunkel dieser Nacht zersägte Anja das tote Baby einer Kuhmutter in deren Mutterleib, um es dann Stück für Stück in Teilen aus ihr herauszuholen. Statt ihr Baby trocken zu lecken und anzustupsen, blickte diese Mutter auf ihr zerteiltes Kind, dessen Geruch ich nicht in Worten ausdrücken kann.

Der Größenwahn des Landwirts hatte ihn dazu gebracht, diese zierliche Kuh mit dem Sperma eines Black Angus besamen zu lassen. Was heute so alles möglich ist. Der medizinische Fortschritt und die veterinärmedizinischen

Kenntnisse »ermöglichen« es, dass diese bis aufs Schwerste traumatisierte Kuh auch in wenigen Monaten wieder ein Baby im Bauch tragen wird. Sollen diese Tiere wirklich dankbar dafür sein, in einer Zeit zu leben, in der sie »medizinisch optimal versorgt werden«? Ist es unser Größenwahn, auf den die Forschung und Pharmaindustrie hier eingeht, oder steht das Wohlbefinden eines jeden individuellen Lebewesens im Vordergrund?

Was ich hier am Beispiel sogenannter »Nutztiere« – schon allein der Begriff sollte uns stutzig machen – aufgezeigt habe, ließe sich natürlich auch auf Pflanzen, Böden und weiteres übertragen. Auch hier wird Leben und Biodiversität in Geldwert berechnet und auch hier ist die primäre Frage meist eine wirtschaftliche, was leider Nutzenmaximierung und als Langzeitfolge der Verlust einst fruchtbarer Böden bedeutet.

Es ist nicht verwunderlich, dass gerade Tierärzt*innen an der Spannung zerbrechen, einst angetreten zu sein, um ihre Liebe zu den Tieren und ihren tiefen Wunsch, diesen zu einem besseren und leidfreien Leben zu verhelfen, dann aber mit der Härte eines Systems konfrontiert werden, das Leben – jedes Leben – immer auch in Geldwert berechnet. Das hohe Suizidrisiko der Veterinärmediziner*innen ist noch immer ein großes Tabuthema. 2021 veröffentlichte die *taz* hierzu einen Artikel, in dem sie auf die Ergebnisse internationaler Studien hinweist, die zu dem Ergebnis kommen, »dass Veterinärmediziner*innen ein doppelt so hohes Suizidrisiko wie Ärzt*innen haben und ein viermal so hohes wie die Allgemeinbevölkerung.«[53]

Dass ich selbst keine Tierärztin geworden bin, hat primär andere Gründe. Heute muss ich mir aber ehrlicherweise eingestehen, dass ich es wohl auch nicht geschafft hätte. Gerade so halte ich die Schizophrenie des Wissenschaftssystems aus, das unter dem Vorzeichen der Suche nach einem besseren Verständnis der Wirklichkeit den Drang in mir weckte, auf diese Weise einen Beitrag zu einer besseren Welt leisten zu können, und das mich in meiner alltäglichen Arbeit immer wieder sehr harte Bauchlandungen auf dem Boden der Realität machen lässt. Mir fehlen der Mut und die Kraft, dieser Widersprüchlichkeit dort zu begegnen, wo es wirklich um Leben und Tod geht. Dort, wo die Relevanz und Dringlichkeit und die große Bedeutung unserer eigenen Arbeit, die die Wissenschaft so gerne vor sich herträgt, tatsächlich gegeben ist. Und doch setze ich mich jährlich für eine gewisse Zeit diesen Erfahrungen aus, indem ich Anja begleite. Dabei habe ich eines gelernt: Gerade bei den sogenannten »Nutztieren« geht es nicht um Individuen. Es geht ums Geld. Und auch wenn ich jedes Mal sehr lange brauche, um die Bilder, aber vor allem die Stimmen der Tiere und die Gerüche vom Tod so weit zu verarbeiten oder zu verdrängen, dass ich wieder »normal« in meinem Alltag funktioniere, trotz allem setze ich mich solchen Erfahrungen (nicht nur im veterinärmedizinischen Kontext) aus. Warum? Weil ich weiß, dass ich in einer Blase lebe. Weil ich nicht will, dass meine Theologie naiv ist, über das Leben redet, ohne es je gesehen zu haben. Weil ich nicht sagen kann und nicht den Anspruch haben kann, dass meine G*ttesrede und mein G*ttdenken um der Ausgestoßenen Willen geschieht, ohne diesen jemals in die Augen gesehen, ohne jemals mit diesen geweint, geschrien und gewimmert zu haben. Nicht (mit) allen, aber wenigsten manchen.

Das, was mir dabei sehr klar geworden ist: Der sogenannte »medizinische Fortschritt« hat gerade bei den Tieren selten deren individuelle Gesundheit im Blick. Oft dient er dazu, unseren Milch- und Fleischkonsum zu niedrigen Preisen und ohne Limit am Laufen zu halten. Die Beispiele ließen sich mit Masthähnchen, Stopfputen und so weiter fortführen. Die meisten veterinärmedizinischen Medikamente werden Tieren verabreicht, die wir anschließend konsumieren, und zwar nur aus dem Grund, *dass* wir sie anschließend konsumieren können. Die in den Medien immer so riesig hoch klingende Zahl von 10,7 Millionen Hunden und 17,5 Millionen Katzen allein in deutschen Haushalten im Jahr 2020[54] ist im Vergleich zu folgender Statistik winzig klein: »Im Jahr 2019 wurden in Deutschland mehr als zwei Millionen Tiere pro Tag geschlachtet, darunter 1,7 Millionen Hühner, 151 000 Schweine und 94 000 Puten.«[55]

Dass wir Tiere nicht mehr als Kriegswaffen einsetzen und Traktoren die Rinder und Esel auf den Feldern ersetzt haben, lässt sie deshalb nicht entspannt auf grünen Auen weiden. Ob es Esel sind, die in Santorin adipöse Europäer*innen bei 40 Grad Celsius die Berge hochschleppen, hochgezüchtete Dressur- und Springpferde, die um unseres Profit- und Sieger*innenstrebens willen über die Parcours dieser Welt geritten (oder geprügelt, wie im Fall der Reiterin Annika Schleu und ihrem Pferd Saint Boy bei den Olympischen Spielen 2021[56]) werden, ob es die Zuchtbullen und Zuchthengste sind, die in entsprechenden »Ständern« »abgesamt« werden oder die Sauen, die in den »rape racks« vergewaltigt werden.[57] Zwar setzen wir hier in unseren Breitengraden Tiere in der Regel nicht mehr für landwirtschaftliche Arbeiten ein (mit Ausnahme einiger Pferde im Forstbereich), dafür ziehen sie Kutschen mit viel zu vielen, viel zu schweren Tourist*innen durch die kopfsteingepflasterten Altstädte Europas. Der Einsatz hat sich entsprechend des Anlasses verschoben. Nicht zu vergessen sind die Tiere, die beim Militär oder der Polizei zum Einsatz kommen. Pferde sind Fluchttiere. Mit ihnen in Mengen aggressiv Demonstrierender oder in Massenproteste hineinzureiten, bedeutet, ihre eigenen Bedürfnisse nach Flucht zu ignorieren, sie gegen ihren Willen Angst und Gefahr auszusetzen. Ähnliches gilt für Hundestaffeln der Polizei: Viele ehemalige Polizeihunde sind nicht mehr in ein »normales« soziales Umfeld zu resozialisieren, zu sehr haben sie gelernt, stets zum Angriff bereit zu sein.

Und am Sonntag gehen wir alle zusammen in den Zoo – damals wie heute

Tiere für unsere Zwecke zu nutzen, man spricht hier auch von »vernutzen«, ist zum ganz gewöhnlichen Teil unseres Alltags geworden. Im Glauben daran, dass es ihnen doch heute so viel besser ginge als früher, beuten wir sie aus, verzwecken sie, missachten ihren Selbstwert. Nein, hier geht es nicht nur um unseren Schutz, Tierversuche und die Produktion von in Wohlstandsgesellschaften nicht notwendigen Nahrungsmitteln, hier geht es auch darum, dass wir Tiere zu unseren Unterhaltungszwecken einsperren und missbrauchen: Ich denke an Zirkusse und Zoos. Beides – gerade bei Familien – beliebte Orte der Freizeitbeschäftigung. Der Kitzel zwischen exotischen Tieren, die uns nicht gefährlich werden können, da sie hinter schweren Gittern oder in ausbruchssicheren Wassergräben ausharren, während die Kinder auf eingezäunten Spielplätzen toben, die Cafeteria in Sichtweite – all das hat seinen Reiz. Und als Bonusmaterial gibt es dann noch die Elefantenfütterung für die Kleinen, Delfinshows und Ponyreiten, Streichelzoo inklusive. Von Elefanten, Kamelen und Primaten, die in Zirkusarenen Kunststücke vorführen, in viel zu kleinen Käfigen gehalten und transportiert werden, ständig einen Ortswechsel ertragen müssen, fange ich hier erst gar nicht groß an.

Zurück zum Zoo: Weshalb erfreuen sich Zoos (und Tierparks) so großer Beliebtheit? Die Stadt Dresden schenkt den Eltern eines Neugeborenen Gutscheine für Zoobesuche zur Geburt, die öffentlich-rechtlichen Regionalprogramme zeigen Zoo-Sendungen à la *Elefant, Tiger und Co.*, Kindergeburtstage werden in Zoos gefeiert, Eisbärbabys versetzen eine ganze Republik in Entzücken und die Spendenbereitschaft der Bevölkerung für Zoos ist beachtlich. Dabei haben die meisten großen Zoos eine sehr düstere Vergangenheit, die sie mehr oder weniger gut überspielen oder reflektieren.[58] So lud der berühmte Hamburger Zoo *Hagenbecks Tierpark* noch in den 1930er Jahren zu sogenannten »Völkerschauen« ein. Neukaledonier*innen, Nubier*innen, Inuit*innen, Massai*innen, Singhales*innen und Menschen aus weiteren Ländern wurden wie Tiere ausgestellt, zur Schau gestellt, und dienten der Belustigung und Unterhaltung der Bevölkerung hiesigen Landes. Der sonntägliche Ausflug in den Zoo wurde zu einem rassistischen Festival. Besonders drastisch ist hier das Beispiel des »Publikumsmagneten« des New Yorker Zoos, dem Pygmäenen Ota Benga.[59] Kaum zu glauben, dass *weiße* Menschen erst vor einem halben Jahrhundert verstanden haben, dass Schwarze Menschen wie sie sind. Die Zuordnung Schwarzer zum »Reich der Tiere« legitimierte ihre Ausnutzung, ihre Qualen, die Verletzung ihrer Rechte. Mit Tieren kann man das ja machen. Aber warum?

Alle sind gleich – aber manche gleicher

Es ist eine humanitäre und kulturelle Errungenschaft, diesen Rassismus erkannt und beendet zu haben (zumindest was die Völkerschauen angeht). Die Ideologie der Abwertung anderer ist damit nicht vom Tisch. *Weiße* Menschen sind nach wie vor von rassistischen Grundannahmen durchdrungen. Es ist sehr mühsam und erfordert eine eigene und stetige Anstrengung, sich diesen immer wieder zu stellen und die Hoffnung nicht aufzugeben, Stück für Stück zu mehr Gerechtigkeit zu gelangen und die so vor uns hergetragenen »gleichen Rechte für alle« auch wirklich zu wollen und unseren persönlichen Beitrag dazu zu leisten.

Die Abwertung Schwarzer funktioniert durch die Methode des »Otherings«. Indem betont wird, dass Schwarze nun mal »anders« seien (was genau alles anders ist, spielt keine Rolle), wird gesagt, dass sie »nicht wie wir«, also nicht wie *weiße* Menschen sind. Wichtig ist hierbei: Es handelt sich nicht um eine neutrale Feststellung, nach dem Motto: Die einen haben helle Haut, die anderen haben dunkle Haut, sondern mit der Feststellung und Betonung der Andersartigkeit meinen *weiße* Menschen zugleich nicht nur »nicht wie wir«, sondern »weniger wert als wir«. »Othering« geht immer mit Abwertung einher. Die absurde Argumentationskette lautet: »Weil sie nicht so sind wie wir, sind sie weniger wert.« In diesem Sinne Schwarz oder *weiß* zu sein, ist nicht unbedingt eine Frage des Phänotyps.[60] Dabei ist es die privilegierte Mehrheit, die die Kategorisierungen vornimmt. Ganz ähnliche und durchaus vergleichbare Muster und Ideologien sind aus anti-feministischen Kreisen bekannt (Frauen sind anders – ergo: nicht so toll wie Männer) oder natürlich auch im Zusammenhang mit der Diskriminierung nicht-heterosexueller oder nicht-binärer Personen. Auf den Punkt gebracht, kann man sagen: Der ideologische Tiefenstrom solcher Abwertungen oder Abwertungstendenzen wurde im Zuge der Aufklärung, der Kolonisation und Industriellen Revolution und – das muss hier ganz deutlich gesagt werden – auch im Zuge von Mission gelegt.

Früher also, zu einer Zeit, in der manches besser war, keinesfalls aber mehr als »manches«. Im Zuge der Aufklärung und Industriellen Revolution wurde eine Grenze eingeführt, die es seither zu markieren galt: Jene zwischen »Natur« und »Kultur«. Diese Dichotomie ist problematisch, und zwar unter anderem aus folgenden Gründen: Zum einen machen wir uns etwas vor, wenn wir meinen, wir stünden außerhalb des Ökosystems und könnten dieses kontrollieren. Jens Soentgen bringt es so auf den Punkt: »Für das Selbstverständnis des Menschen hatte die Entdeckung des ökologischen Systems der Natur eine beträchtliche Bedeutung. Der Mensch, und zwar ganz besonders der westliche Mensch, sieht sich gern als ein Gegenüber der Natur und versucht, sich den ökologischen Kreisläufen zu entziehen. Seine Toten beerdigt er in Särgen und beschwert die Gräber mit Steinen, um zu verhindern, dass die Leichname von wilden Tieren verzehrt und damit Teil des allgemeinen Kreislaufs werden. Die Ökologie zeigt, wie sinnlos dies ist; denn der Mensch ist schon durch Atmung, Verzehr und Ausscheidung in übergreifende ökologische Systeme eingebunden. Entfernt er sich, etwa als Raumfahrer, aus der Biosphäre, kann er nur mit höchstem technischem Aufwand und selbst dann nur für kurze Zeit überleben.«[61] Zum anderen hat sich unsere »Kulturversessenheit« und unser Drang, die »Natur« zu beherrschen, so weit verselbständigt, dass wir uns heute fragen müssen, was das noch sein soll, »Natur«? Haben wir nicht längst jegliche »Natur« kultiviert? Gibt es überhaupt noch so etwas wie »reine Natur«? Natura pura? Vielleicht, ja. Vielleicht gibt es noch Winkel dieser Erde, in die wir noch nicht vorgedrungen sind, die wir uns noch nicht erschlossen haben, in denen wir noch nicht gewildert haben, die Google Maps noch nicht kennt und die auch vor sogenannten »Ökotourist*innen« bislang verschont geblieben sind. Viele sind es nicht mehr. Wo wir waren und wo wir sind, verhalten wir uns als Eindringlinge, im guten Glauben, unsere Kultur wäre es, was »die Natur« so bräuchte. Denn Kultur ist immer höherwertig als Natur, haben wir gelernt. Das »Natürliche« gilt es zu zähmen, zu kultivieren. Höherentwicklung ist das Ziel und hochentwickelt, das sind wir. Das »Natürliche« wird assoziiert mit dem Unreinen, Wilden, Instinktgesteuerten, Sexuell-Triebhaften, dem Tierlichen. »Naturverbunden« zu sein oder auch eine »Pflanzen- und Tierliebhaberin« zu sein, rangiert auch heute noch direkt in der Rubrik »süß« und »bisschen ungebildet«, während Menschen, die sich als »Kunst- und Musikliebhaber*innen«, »Weinkenner*innen« und »mit einem Faible für die orientalische Küche« vorstellen, gleich bewundernde Blicke ernten. Das ist kein Zufall. »Natur« wird als minderwertig angesehen. »Die Frau« (ich frage mich, wer das eigentlich sein soll, »die Frau«) als jenen Menschen zu beschreiben, der naturnäher ist und den Mann als den kulturaffinen, ist nicht nur vorurteilsbeladen und falsch, sondern transportiert immer auch Gedanken von »noch nicht so weit entwickelt«, »eher emotional, nicht so rational« und »muss kontrolliert werden«. Dass auch die katholische Kirche regelmäßig Wasser auf diese kranken Mühlenblätter kippt, macht die Sache nicht besser.

Indem Menschen es also waren und sind, die andere Lebewesen nicht-neutralen Rubriken wie »Natur« und »Kultur« zuordnen, legitimieren sie damit strategisch ihr eigenes ausbeuterisches Fehlverhalten. Wer nicht so viel wert ist, dessen Wert muss auch nicht in gleichem Maße geachtet werden. Es ist also kein Zufall, dass, um sie entsprechend ausbeuten zu können, Schwarze Menschen lange Zeit dem Tierreich zugeordnet wurden. Sie wurden animalisiert, ergo dehumanisiert, um sie als »Arbeitstiere« oder zu Unterhaltungszwecken gebrauchen zu können. Eine weitere Voraussetzung hierfür ist die Überzeugung, dass der Unterschied zwischen Mensch und Tier kein gradueller, sondern ein grundsätzlicher sei. Nur wenn die anderen grundsätzlich verschieden sind, nur dann können sie auch grundsätzlich abgewertet werden, dann gelten auch ganz andere bzw. keine Rechte für sie.

(Genau hier knüpft im Übrigen auch die katholische Ideologie der »Andersartigkeit des weiblichen Geschlechts«[62] an.)

Diese Auffassung des modernen Menschen, die kulturgeschichtlich als »Errungenschaft« bezeichnet wird, steht allerdings im Widerspruch zum evolutionstheoretischen Wissensstand. Längst ist bekannt, dass wir Menschen – zumindest biologisch gesehen – ebenfalls Tiere sind. Komplexe Tiere, deren DNA jener eines Schimpansen mehr ähnelt als die DNA des Schimpansen der des Schäferhunds. »Tiere« ist ein Sammelbegriff für höchst unterschiedliche Individuen, ein Sammelbegriff, den wir entwickelt haben, um der Welt eine Ordnung zu geben (oder überzustülpen). Auch die Einteilung in Spezies ist eine recht späte menschliche »Zutat«. Evolutionsbiologisch sind die Differenzen zwischen Menschenaffen und dem Homo sapiens sapiens gradueller Natur. Unsere tierlichen Verwandten unterscheiden sich nicht grundsätzlich von uns, sondern nur in einigen Eigenschaften. Dass diese es nun rechtfertigen sollen, ihnen grundsätzlich andere (oder keine) Rechte einzuräumen, Tiere nur als »Sachen« – wie es das deutsche Gesetz tut – in die Rechtsprechung einzubeziehen, scheint sowohl einer argumentativ-intellektuellen als auch biologischen Grundlage zu entbehren. Neuere Ansätze in der Tierrechtsdebatte und der Mensch-Tier-Forschung widersprechen einem solchen Denken: Weil Tiere Teil unserer Gemeinschaft sind bzw. wir Teil der ihren, haben sie eigene Rechte, deren Schutz gewährleistet werden muss. Sobald es für das Tier einen Unterschied macht, ob es so oder so behandelt wird, muss der Wille des Tieres berücksichtigt werden. Ob dies nur für empfindungsfähige Tiere gilt und welche Tiere genau was empfinden, sei zunächst dahingestellt. Zumindest für die empfindungsfähigen Tiere gilt es, und das sind nahezu alle Tiere, mit denen wir täglich in Kontakt treten oder die bzw. deren »Produkte« wir täglich zu uns nehmen.[63]

Die Philosophin und Schriftstellerin Hilal Sezgin hat in ihren Werken derart einleuchtend aufgezeigt, weshalb man sich für die Lebensrechte anderer stark machen kann (und sollte), dass ich mir erlaube, sie hier etwas ausführlicher zu zitieren. Sie bringt die Paradoxie, mit der wir Menschen argumentieren, bestechend auf den Punkt:

»Gewiss sind die allermeisten Tiere keine autonomen Personen wie gesunde erwachsene Menschen, die miteinander über Gott und die Welt diskutieren, sich zwischen Parteiprogrammen entscheiden und Autos steuern können; dies ist zwar ein Grund, Tieren kein Wahlrecht und keine Führerscheine zuzubilligen, nicht aber, ihnen gleich jede andere Form von Selbstbestimmung abzusprechen. Und gewiss trifft ein Mensch im Vollbesitz seiner Kräfte mehr und flexiblere Entscheidungen als eine Ratte – aber wenn die Empfindungen beider so ähnlich sind, dass man die eine Spezies zum Wohle der Anderen qualvollen Versuchen unterzieht, muss man sie dann nicht auch moralisch annähernd gleich gewichten? Es ist widersinnig, bei Laborratten Gefühle wie Depressionen, Angst, Stress zu provozieren, um an ihnen entsprechende Psychopharmaka zu testen – im selben Atemzug aber zu behaupten, dass diese Angst, dieser Stress und diese Depressionen, kurz: das gesamte Innenleben der Ratte verglichen mit dem des Menschen nicht ins Gewicht falle.

Der medizinische Nutzen von Tierversuchen sei einmal dahingestellt; jedenfalls behaupten die Befürworter von Tierversuchen nicht etwa, dass die Interessen von Tieren dabei überhaupt nicht in Betracht gezogen werden müssten. Nur gilt bisher: Wo immer das Interesse eines Menschen gegen das von egal wie vielen Tieren steht, die zudem egal welche entsetzlichen Qualen zu durchleiden haben, scheint bisher das des Menschen die anderen zu übertrumpfen. Doch warum? Wenn es nicht Gott war, der uns Menschen erlaubt hat, mit dem Tierreich anzustellen, was uns beliebt, wenn Tiere mehr sind als Maschinen, und wenn das Recht des höheren IQ moralisch genauso wenig überzeugend ist wie das Recht des Stärkeren – dann dürfen die Interessen des Menschen nicht immer Vorrang haben, nur weil sie eben menschlich sind.

...

Außer in Notwehr dürfen wir niemanden schlagen, verletzen oder töten; und diese grundsätzlichen negativen Pflichten gelten nach allem, was oben gesagt wurde, auch für

Tiere. Dass es allerdings überhaupt Leid gibt auf der Welt, und Krankheit und Tod, können wir nicht ändern, und dies zu ändern ist auch nicht unsere moralische Pflicht.«[64]

Mehr zum Thema »Tierrechte« versammelt das nächste Kapitel.

Ein weiteres Problem im Zusammenhang dieses Kapitels liegt in der Einteilung unzähliger Individuen in Gruppen wie »Heimtiere, Nutztiere, Haustiere, Wildtiere« auf der einen und »Menschen« auf der anderen Seite. Diese Kategorisierung verschleiert die Tatsache, dass es sich je um Individuen handelt, über deren Leben hier entschieden wird, deren Wille und Wohlergehen auf dem Spiel stehen. Aus genau diesem Grund erachte ich auch den Begriff der »Massentierhaltung« als problematisch: Hier wird keine Masse gehalten, hier geht es um Individuen, um je einzelne Lebewesen, mit einem eigenen Charakter, einem »will to survive«, einer eigenen Biografie und einer eigenen Familie. Weder diskutieren wir hier über »Sachen« noch über eine »Masse«.

Naturverbundenheit statt Naturromantik

Angesichts unseres ausbeuterischen Gebarens auf und mit dieser Erde fällt es nicht schwer zu erkennen: Wir haben eine Entsolidarisierung mit unserem Planeten erlernt. So gut sogar, dass es uns mühevoll scheint, eine Solidarisierung wieder zu kultivieren. Spirituelle Retreats in der Natur, Bäume-Umarmen und Waldbaden, Waldkindergärten und Yoga im Freien – alles Phänomene unserer Zeit, die unsere verlorenen Seelen an ihre Ursprünge zurückbinden möchten. Mühselig ist das. Die Geduld, die ein langsamer

Waldspaziergang Vielen abverlangt, ist beachtlich. Es kostet offenbar (zu) viel Kraft, umzulenken. Stattdessen nehmen wir lieber die Zerstörung unseres eigenen Lebensraumes in Kauf. Der US-amerikanische Mediävist Lynn White sagte: »...ganz bestimmt hat keine andere Kreatur als der Mensch es jemals geschafft, seine Wohnstätte in so kurzer Zeit zu verschmutzen.«

Dass die Entfremdung der postmodernen Menschen von »der Natur« und ihre Ausnutzung als Störung empfunden wird und immer mehr auch die Härten eines Lebens außerhalb der Komfortzone als erstrebenswert und heilsam erachtet werden, zeigt der Boom an sogenannten »Aussteiger*innen«. Natürlich handelt es sich bei ihnen im Vergleich zum Gros der Gesellschaft noch immer um eine kleine Zahl, aber sie wird größer. Auf *Instagram* folge ich einigen dieser Menschen. Junge und Mittelalte, die einen Exodus aus dem einst so gelobten Land – sei dieses Deutschland, Österreich, England oder die USA – vollzogen haben. Sie halten die Widersprüche dieser Gesellschaften nicht mehr aus, den Lärm, den Dreck und die systematische Entwurzelung. Sie wollen ihren Teil zu einem geringeren Konsum und einer Kultur der Nachhaltigkeit leisten, die sich so, wie sie es in den Wäldern Europas oder Amerikas tun, in den Metropolen nicht realisieren ließe. Sie wollen achtsam durchs Leben gehen, schulen ihre Sinne für die Zeichen der Natur, für Mondphasen, fruchtbare und unfruchtbare Zeiten, für Flora, Fauna und die vielen Lebewesen, denen sie begegnen. Dabei handelt es sich keinesfalls nur um idyllische Momente. Auch die Kälte des Winters und die Härten des zu großen Teilen Selbstversorger*innen-Daseins sind nicht kleinzureden. Mir ist bewusst, dass wir nicht alle Aussteiger*innen werden können und dass die Flucht aus einer als gestört wahrgenommenen Gesellschaft keine Lösung für alle sein kann.

Was mich an den Frischluft-Begeisterten fasziniert und interessiert, ist ihre Sehnsucht, die sie in einem so anderen Leben zum Ausdruck bringen. Und dabei haben sie Millionen Follower*innen. Millionen Follower*innen zu haben, heißt auch: Bei Millionen Menschen etwas zu triggern, das auch ihre Sehnsucht und ihre Intuition repräsentiert. Es heißt auch, einen Nerv des Zeitgeists getroffen zu haben und teilweise auch, mit dem eigenen Lebensentwurf die Zivilgesellschaft zu provozieren und zu kritisieren, sie im besten Fall zum Nachdenken zu bringen. Der Anspruch eines »Lebens im Einklang mit der Natur« erweist sich oftmals als ein zutiefst menschliches Bedürfnis.

Die Spiritualität eines Franz von Assisi steht genau hierfür. Genau wie Franziskus zu seiner Zeit, sind auch die heutigen Naturliebhaber*innen dem Spott ausgesetzt. Die Überheblichkeit, mit der einige die »Abenteuer dieser jungen Menschen«, die für eine Weile oder dauerhaft der Zivilisation den Rücken kehren, abtun, befremdet mich. Sie begegnet mir zunehmend aus den Mündern älterer Akademiker. Das, was ich von diesen »jungen Menschen« (so jung sind viele gar nicht mehr) mitbekomme, ist, dass sie sich durch harte, kalte Winter mit eingefrorenen und geplatzten Wasserleitungen, fehlendem Brennholz und einer sehr spärlichen Auswahl an Essbarem kämpfen. Sie ertragen extrem heiße Sommer mit Moskitoschwärmen und Dürre. Nicht selten geben sie ein sehr komfortables und abgesichertes Leben auf, um sich auf den Weg nach draußen und die Suche nach ihrem eigenen Innern zu begeben. Viele von ihnen sehnen sich nach einer Einfachheit zurück, wie sie für frühere Generationen alltäglich war. Es geht nicht um eine Verklärung von einst besseren Zeiten, sondern um das Verlangen nach einer Unmittelbarkeit, mit der sich der Mensch als Teil eines größeren/großen Ganzen erfährt. Es ist die Suche nach dem Eingebettetsein in einen größeren Weltzusammenhang und die Sehnsucht, das zu spüren, was wir sind: Geschöpfe inmitten von Geschöpfen. Dass die Begegnungen mit Wölfen, Herdenschutzhunden, Zecken, Milben, Flöhen, Stechmücken, Schlangen, Skorpionen und Hornissen dabei nicht romantisiert wird, ist offensichtlich.

Wenn ich bei Konferenzen darüber spreche, dass wir eine neue oder zumindest re-visionierte Schöpfungstheologie brauchen, die eine integrale Ökologie und die Relationalität aller Geschöpfe in den Mittelpunkt ihrer Rede von G*tt im Angesicht der Schöpfung stellt, wird mir regelmäßig vorgeworfen, ich habe ein viel zu romantisches Naturverständnis und wisse überhaupt nicht, wovon ich spreche, wenn ich von einem Kohabitat von Mensch und Tier rede oder den Respekt vor einem solchen Zusammenleben einfordere. Am Schreibtisch könne ich ja leicht solche Szenarien entwerfen, schallt es mir entgegen, und ich wolle doch wohl auch nicht das Recht auf Überleben in gleichem Maße auf alle Lebewesen übertragen. Schließlich sei ich doch auch froh, wenn die Covid 19-Viren nicht überleben, wir also ihren »will to survive« dem unseren unterzuordnen wissen.

Solch eine Polemik berührt mich immer weniger und ich kann mich des Eindrucks nicht erwehren, dass hier eine Ablenkungsstrategie gefahren wird, die nur vom eigenen Fehlverhalten gegenüber anderen Mitgeschöpfen und der mangelnden Bereitschaft, über sein eigenes Leben nachzudenken, ablenken will. Da wird ein Leben auf Kosten von unzähligen Hühnern, Hennen, Kälbchen, Lämmern,

Schweinen, Rindern, Bienen, Schmetterlingen, Fischen … gerechtfertigt mit dem Verweis, dass man ja sonst auch das Corona-Virus »umarmen« und »willkommen heißen« müsste. Vielleicht ist es gut, an dieser Stelle einmal eindeutig zu sagen: Ich habe keine ausgeprägte Naturromantik. Ich weiß, dass das Leben ein Ort von Gewalt und Ungerechtigkeit ist und hiervon auch die nichtmenschliche Tierwelt nicht ausgenommen ist. Ich weiß, dass allein in Deutschland alle vier Minuten ein Mensch (in den meisten Fällen eine Frau) Opfer von Gewalt wird.[65] Ich weiß, dass in Indien alle 15 Minuten eine Frau vergewaltigt wird.[66] Ich weiß, dass 144 Millionen Kinder weltweit unterernährt sind.[67] Und ich weiß, dass es Gewaltexzesse auch unter den nichtmenschlichen Tieren gibt. Dass auch sie die Babys anderer Mütter töten und einander zu Tode quälen. Dass auch sie vergewaltigen. Ich weiß aber auch, dass das geplante und systematische Arrangieren von Foltern und Morden, von Gruppenvergewaltigungen, Kinderpornografie und Genoziden im Reich der menschlichen Tiere ihresgleichen sucht. Erzählen Sie mir bitte nichts zum Thema »Tiere haben – im Gegensatz zu uns Menschen! – keine Moral«.

Die gekreuzigte Erde … und das angebrochene Reich G*ttes

Es ist mühsam zu eruieren, wann und wodurch die Störung eines einst für gut befundenen Miteinanders aller Geschöpfe begann. War es beim »Sündenfall« im Garten Eden? Oder erst zu Zeiten der Industriellen Revolution? Manche betonen den Einschnitt, die die Neolithische

Revolution gebracht hat. Es ist jene Epoche, die ungefähr 9000 bis 8000 v. Chr. begann und die in mancher Literatur als eine der Hauptfaktoren für unser derart gewaltförmiges Verhältnis zu unserer nichtmenschlichen Mitwelt ausgemacht wird. Damals wurden die Menschen sesshaft, Vorrats- und Lagerhaltung, Bewachung derselben (etwa durch Hunde) und Handel nahmen zu. Erstmals wurde mehr angeschafft und angehäuft als für die aktuelle Lebenssituation notwendig war. Auch davor waren die Menschen bereits als Jäger*innen und Sammler*innen unterwegs und Menschen wie Tiere waren Raubtiere. Ein gewaltfreier Urzustand lässt sich nur im symbolischen »Garten Eden« verorten, oder, wie der Prophet Jesaja es tut: im Eschaton.[68] Die Sehnsucht nach einem solch gewaltfreien Ort ist dem Menschen wie ein reiner Kern eingeschrieben, wie wir auch an den biblischen Texten sehen können. Die Vision einer Neuschöpfung umfasst eben einen neuen Himmel und eine neue Erde, die gesamte Schöpfung ist somit der Erlösung bedürftig und harrt des Friedens.

Die Tatsache, dass wir in einer »gefallenen Schöpfung« leben, rechtfertigt jedoch nicht, dass wir den Fall weiter vorantreiben oder einfach so hinnehmen. Der Befreiungstheologe Leonardo Boff formulierte, dass nicht nur Christus gekreuzigt wurde, sondern mit ihm die Erde.[69] Es ist kein Zufall, dass genau jene Metapher der »gekreuzigten Erde« heute von Klimaaktivist*innen der Bewegung »Christian Climate Action« erneut aufgegriffen werden.[70] Die »gefallene Schöpfung« und die »gekreuzigte (Mutter) Erde« stehen theologisch in unmittelbarer Spannung zum angebrochenen Reich G*ttes und unserem Auftrag, dieses zu leben, zu gestalten und aufblühen zu lassen sowie die Neuschöpfung von Himmel und Erde freudig zu antizipieren.

Theologie ist also Widerstand. Widerstand gegen Ungerechtigkeit, Gewalt, gegen das, was uns und alle Kreaturen von einem Friedensreich trennt – theologisch gesprochen ist das die Sünde. Sünde ist eine solidaritätszersetzende Macht, die unsere Gemeinschaften untereinander sowie unsere Beziehung zu G*tt schädigt, die sich weigert, G*ttes Immanenz, also das g*ttliche Durchdringen der Welt zu verstehen und zu unterstützen, die zu einer Entsolidarisierung der Menschen untereinander, der Menschen von G*tt und der Menschen von der nichtmenschlichen Schöpfung führt.

Gibt es ein richtiges Leben im falschen?

Eine Kirche und Theologie, die mit ihrer Botschaft, ihrer Pastoral, ihrer Verkündigung und ihrem Dienst einen Beitrag zur Entsolidarisierung statt zur Solidarisierung leistet, sündigt. Eine besondere Gefahr besteht meines Erachtens dann, wenn diese Sünde zu einer strukturellen Sünde wird. Das bedeutet, dass es in den von ihr mitverantworteten Strukturen auch dann nicht mehr möglich ist, das Gute zu tun, selbst wenn Menschen es wollen. Ehrlicherweise muss man sagen, dass wir immer auch in solchen Strukturen leben. Wer lebt, macht Kompromisse. Politisch wird dies sehr einleuchtend am Beispiel unseres Steuersystems deutlich: Wir alle zahlen Steuern und unterstützen damit eine mehr oder weniger gute Infrastruktur, Straßen- und Schienenbau, aber auch das hiesige Gesundheits- und Bildungssystem. Wir unterstützen damit aber auch die Waffenindustrie. Ähnlich ambivalent ist es bei der Kirchensteuer: Ich zahle Kirchensteuer, womit ich sehr viele, sehr sinnvolle Projekte unterstütze: Kindergärten, Schulen, Krankenhäuser, kirchliche Bildungseinrichtungen, Suppenküchen, Kleiderkammern, Hospize und durchaus auch ein Engagement für den Umwelt- und Klimaschutz.[71] Ich finanziere aber auch die Gehälter derjenigen Priester mit, die Kinder und Erwachsene missbrauchen, die physische und psychische Gewalt ausüben, die andere körperlich und spirituell missbrauchen. Ebenso finanziere ich die oftmals viel zu großen Autos von Klerikern, ihre zu großen Häuser, in denen sie auf hunderten von Quadratmetern alleine oder höchstens mit ihren Haushälterinnen leben ... und ihre zu dicken Bäuche. Ich finanziere ihre Flugreisen mit, ihre schicken Gewänder (bei denen viel zu selten gefragt wird, wo und wie sie produziert werden). Ich finanziere die goldenen Becher auf dem Altar mit; Gold, das oftmals nicht nachhaltig gewonnen wurde.[72] Kurzum, ich unterstütze nicht nur das Tun, was in meinen Augen gut ist, sondern unterstütze damit immer auch Systeme, die neben viel Licht auch viel Schatten haben.

Das Fatale an der Sache ist, dass wir angesichts eines Gewahrwerdens und Gewahrseins dieser Spannung nicht in Resignation verfallen sollten. Weder die technologischen noch digitalen Fortschritte sollten in Bausch und Bogen verdammt werden und auch nicht das kapitalistische System im Ganzen. Das, worum es mir geht, ist eine Infragestellung der dahinterstehenden und diese Logiken antreibenden Überzeugungen und Vorstellungen vom Menschen, von nichtmenschlichen Lebewesen und unser aller Mitwelt. Ich bin überzeugt, dass die Theologien hier andere Akzente setzen können und auch zu setzen wissen. Die Bücherregale theologischer Fachliteratur sind voll von ökosensiblen sowie anthropozentrismuskritischen Ansätzen, teils sehr elaboriert. Sie müssten nur gelesen werden – von studierten wie von nichtstudierten Theolog*innen und Nicht-Theolog*innen. Gewiss ist es aber auch gar nicht immer notwendig, dicke Bücher zu wälzen (obgleich ich dazu ermuntern möchte), sondern unsere Wahrnehmung für das zu schulen, was da ist. Im Idealfall verknüpft sich an dieser Stelle unsere Kenntnis und unser Informiertsein über unseren verwundeten Planeten mit unseren religiösen Überzeugungen, unserem G*ttesbild und unserer Spiritualität.

Unsere Religiosität kann und sollte eine vielfältige Ressource sein: Sind wir davon überzeugt, dass wir das Reich G*ttes aktiv mitgestalten und dass zu diesem Reich alle Geschöpfe gehören, Frieden niemals von sozialer, intergenerationeller und ökologischer Gerechtigkeit zu trennen ist und sich G*tt in der Schöpfung offenbart, dann ist das religiöse Leben eine Suche nach G*tt im anderen, in der Schöpfung. Religiöse und ökologische Bildung gehen dann Hand in Hand, denn auch ökologische Bildung ist, wie der Zustand unseres Planeten bezeugt, keine reine Wissensvermittlung, kein reines Faktenwissen, keine mundgerechte Weitergabe wissenschaftlicher Erkenntnisse. Wäre ökologische Bildung damit erschöpft, so wären wir alle sehr gebildet. Nie zuvor waren die Kenntnisse über die Funktionsweisen unserer Ökosysteme so bekannt, so erforscht, so transparent. Nie zuvor ließen sich Zukunftsszenarien mit einer derart hohen Wahrscheinlichkeit voraussagen. Es mangelt uns nicht an Wissen, es mangelt uns an etwas, das ich »ökologische Herzensbildung« nenne. Mich überzeugt an dieser Stelle Jens Soentgens Bildungsbegriff: »Der ökologisch gebildete Mensch bemüht sich nicht nur um ein Verständnis von Menschen und Menschenwerk anderer Kulturen und anderer Zeiten, er hält sich auch offen für ein

Verständnis der nichtmenschlichen Lebewesen. Es geht bei der ökologischen Bildung nicht nur um eine Kenntnis ökologischer Fakten und Probleme, sondern darum, sich berühren zu lassen von den Schicksalen, dem Fühlen und Leiden, Leben und Sterben nichtmenschlicher Geschöpfe.«[73]

Hier sehe ich ein Potenzial religiöser Bildung – und werde an die bereits zitierte Passage aus *Laudato sí* 19 erinnert: »Das Ziel ist nicht, Informationen zu sammeln oder unsere Neugier zu befriedigen, sondern das, was der Welt widerfährt, schmerzlich zur Kenntnis zu nehmen, zu wagen, es in persönliches Leiden zu verwandeln, und so zu erkennen, welches der Beitrag ist, den jeder Einzelne leisten kann.«

Gerade im Christentum ist das Sich-Anrühren-Lassen vom Leben und Sterben und auch vom Leiden Jesu zentral – ebenso zentral, wie die daraus erwachsende Erlösung. Sich vom anderen ansprechen zu lassen, Anteil an dem Schicksal anderer zu nehmen, ist ein zutiefst religiöser Auftrag. Es ist eine Kernbotschaft des Christentums (und natürlich auch anderer Religionen). Es ist der Weckruf aus der Selbstbezüglichkeit, des Kreisens um das eigene Selbst, den eigenen Profit, den eigenen kurzen Lustmoment. »Du stellst meine Füße auf weiten Raum« heißt es in Psalm 31,9. Für mich bedeutet dies zu sehen, dass ich Teil eines unendlich weiten g*ttlichen Raumes, G*ttesraumes bin, der größer und mehr ist, als ich erfassen kann, und der mich als Teil einer Gemeinschaft erleben lässt. Aufgespannt zwischen den vergänglichen Schätzen der Erde und den unvergänglichen des Himmels ist auch mein Zelt aufgespannt. Nur im Wissen um dieses Aufgespannt-Sein kann ich die anderen in den Blick nehmen und mein Herz für sie weiten. Diese Weite ist es, die uns oft fehlt, die auch in den Kirchen fehlt, in den Theologien.

4 Warum wir (nicht) mehr Rechte haben als die anderen Geschöpfe:

Der Mensch als Teil des Ökosystems

Auf die künstliche Trennung von »Natur« und »Kultur« bin ich bereits eingegangen. Wir Menschen haben sie erfunden und sie ist gefährlich und notwendig zugleich. Gefährlich, weil wir uns etwas vormachen, wenn wir meinen, es gäbe so etwas wie einen »Sonderweg Mensch«, als dessen Gegenüber sich die zu zähmende und nach und nach zu kultivierende Natur darstellt. Notwendig ist die Trennung, um die Vorstellung des Menschen als einer besonders begabten und mit anderen sowie mehr und umfassenderen Rechten ausgestatteten Spezies »Mensch« aufrechtzuerhalten und unseren Zugriff und Übergriff auf anderes Leben und »die Natur« damit zu rechtfertigen. Dabei ist es nicht so, als ob wir auf andere Lebewesen keine Rücksicht nehmen könnten, weil wir diese etwa nicht gut kennen würden und gar nicht so recht wüssten, was sie wollen. Die Unterwerfung einer anderen Lebensart oder Spezies setzt eine genaue Kenntnis dieser »anderen« voraus. Wir können jene besser vernutzen, die wir zuvor nicht als Teil unserer eigenen Gattung, Kultur, unseres Wohn- und Lebensbereiches, unserer Art anerkannt haben.

Genau hier setzt die sogenannte »integralistische Ethik« an. Sie möchte eine gegenseitige Re-Integration von Kultur und Natur, von Mensch und Natur. Der Schlüssel dazu besteht in einem nachhaltigeren Umgang mit unserem Planeten und dem Entfachen eines Solidarisierungsprozesses mit den unzähligen Arten, die drohen, durch uns ausgelöscht zu werden. Wenn wir das nichtmenschliche Leben in unsere Wahrnehmungs- und Verantwortungsgemeinschaft integrieren könnten, so die Vorstellung, wenn wir uns wieder als in die Natur integriert wüssten, würden wir dieser mehr Wertschätzung und Schutz entgegenbringen.

Ein anderes Konzept, das in eine ähnliche Richtung argumentiert, spricht von der Notwendigkeit eines »Re-Wildering« der menschlichen Spezies, also eines »Wieder-Wild-Werdens«, einer »Verwilderung«. Anstatt alles »Natürliche« zu kultivieren, ist die kultivierteste und kultivierende Spezies Homo sapiens sapiens diejenige, die einen Verwilderungsprozess am dringendsten nötig hat, um ihren eigenen Lebensraum aufrechtzuerhalten und somit auch den vieler anderer Arten.

Zu den Verstrickungen stehen

Wir sind nicht nur evolutiv, sondern auch soziokulturell Teil des Ökosystems. Wenn wir uns das vergegenwärtigen, erkennen wir, dass die Trennung in »Spezies« und die Abgrenzung von »Natur« und »Kultur« ein menschliches Konstrukt ist, das uns eine Distanz, Autonomie und ein Autarksein vorgaukelt, welches weder naturwissenschaftlich noch sozialpsychologisch gedeckt ist. Wir sind keine isolierten Individuen und sollten dies daher auch nicht krampfhaft sein wollen. Es ist ein naives, unehrliches und kurzsichtiges Unterfangen, Menschen dieses Autarksein als oberste Maxime und edles Erziehungsziel nahezulegen. Der Philosoph und Historiker Fabian Scheidler zeigt in seinem Werk *Der Stoff, aus dem wir sind* sehr deutlich auf, wie sehr wir mit anderen verbunden sind – zutiefst und immer schon. Wir sind global vernetzt – vielleicht sogar verstrickt –, und dies sowohl auf einer menschlichen und wirtschaftlichen wie auch auf einer biologischen Ebene. Für letztgenannte findet Scheidler ein Beispiel, das uns eindringlich vor Augen führt, wie unmittelbar sich die Verwobenheit mit unserer Mitwelt darstellt:

Der »Zyklus der globalen Atmung beruht auf unzähligen fein austarierten und ineinandergreifenden Gleichgewichten. Damit Menschen und andere Wesen leben können, muss die Luft der Atmosphäre zum Beispiel eine ganz besondere Mischung von Gasen enthalten. Kohlendioxid etwa ist in zu großen Mengen nicht allein als Treibhausgas für die Biosphäre gefährlich, sondern auch unmittelbar für die Körperfunktionen von Menschen und Tieren. Bereits bei einer Konzentration von einem Promille CO_2 (1000 ppm) in der Atmosphäre setzen schon nach Stunden erste Störungen geistiger und körperlicher Funktionen ein. Bei 1400 ppm sinken die kognitiven Fähigkeiten bereits um die Hälfte. Ab 2000 ppm kommt es mittelfristig zu Demineralisierungen der Knochen, Nierenverkalkungen und Schädigungen von Blutgefäßen. Gegenwärtig liegt die durchschnittliche Konzentration bei gut 410 ppm – gegenüber 280 vor der Industrialisierung. Werte von über 1000 ppm werden schon heute oft in Innenstädten, geschlossenen Räumen – etwa Klassenzimmern – und klimatisierten Bereichen wie Büros, Zügen und Flugzeugen erreicht.

Das Beispiel zeigt, wie fein unsere natürliche Umgebung und unser Körper aufeinander abgestimmt sind. Die Idee, dass der Mensch außerhalb der Natur stehe und souverän über sie verfügen könne, erweist sich schon hier als Phantasma. Wir sind Teil eines über Jahrmillionen und Jahrmilliarden entstandenen hochkomplexen Netzwerkes von Kreislaufprozessen. Schon geringe Störungen darin können für uns gravierende Konsequenzen haben.«[74]

Allein anhand dieses Beispiels führt Scheidler uns unsere tiefe Abhängigkeit von einem stabilen Ökosystem vor Augen. Zwar unterliegt auch die Zusammensetzung der Atmosphäre Veränderungen, allerdings schritten diese bisher nicht schneller voran als die menschlich-tierliche Anpassungsfähigkeit. Ein Zeichen unserer Zeit ist hingegen die rapide Veränderung unserer klimatischen Bedingungen. Es ist fraglich, ob eine Anpassung bei derart fortschreitender Veränderung des Ökosystems noch lange gelingen wird.

Die Dimension unserer globalen Verwobenheit fasst Scheidler ebenfalls anschaulich in Worte:

»Die Dinge, die ich für mein tägliches Leben brauche, sind meist durch die Hände vieler anderer Menschen gegangen. Der Tee, den ich trinke, während ich diesen Text schreibe, ist in China gepflückt worden, von Menschen, denen ich nie begegnet bin und die ich wahrscheinlich nie kennenlernen werde. Aber sie haben etwas Wichtiges für mich getan. Das Gleiche gilt für den Computer, an dem ich diesen Text schreibe. Irgendjemand, ob im Kongo, in Chile oder Indien, hat die Mineralien aus der Erde geholt, die darin verarbeitet sind, irgendjemand hat die Teile zusammengebaut und jemand anderes die Container beladen, in denen der Rechner um die Welt fuhr. Wir sind heute mit fast allen Menschen auf der Erde existenziell verbunden, mit den Lebenden und sogar mit einem großen Teil der Toten, die all die Techniken erfanden, die wir selbstverständlich nutzen.«[75]

Diese Abhängigkeiten zuzulassen, im positiven Sinne als Teil unserer Identität als Weltbürger*innen zu verstehen und in Achtung vor dem anderen zu gestalten, kommt im Paradigma der Postmoderne zu kurz. Hier steht gerade nicht das Gewahrsein unserer Verwobenheiten im Mittelpunkt. Die Angst, in der Masse unterzugehen, zu sehr verflochten zu sein mit anderen, fordert uns stets heraus, in allem unser Alleinstellungsmerkmal zu entwickeln, präzise herauszuarbeiten und geschickt zu vermarkten. Der Slogan lautet nunmal »unique selling point« statt »gemeinschaftsfähig«.

Neben der biologischen und der globalen Ebene gilt dies natürlich auch für eine persönlich-existenzielle Ebene: Sie und ich, wir kennen Menschen, die niemals in ihrem Leben autark leben konnten und dies auch in Zukunft mit hoher Wahrscheinlichkeit nicht können werden. Autarkie und Unabhängigkeit als Kriterium für »Mensch-Sein« anzuführen, ist also unmöglich. Und selbst die unabhängigste Person, die Sie kennen, war dies nicht immer und wird es auch nicht über ihr ganzes Leben lang sein. Weder Kinder noch alte Personen, weder kranke noch besonders vulnerable Gruppen lassen sich unter das Autonomie-Paradigma der Moderne packen. Vollkommene Unabhängigkeit ist eine Farce. Temporär empfundene starke Unabhängigkeit ist möglich, sie liegt aber in der Regel nur bis zu einem gewissen Grad in unserer Macht, und zwar explizit aufgrund der Tatsache, dass wir, bevor wir unabhängig sind, zuvorderst angewiesen sind – auf Liebe, Wertschätzung, Respekt, Schutz, Fürsorge und Sicherheit.

Geschaffen »inmitten von Leben, das leben will«

Eine existenzielle, globale und generationenübergreifende Verwobenheit ist es, in der wir unseren Platz haben. Jedes Unterfangen, hieraus auszusteigen, entpuppt sich als illusionär und ist daher in sich und per se zum Scheitern verurteilt. Es würde eine doppelte Entfremdung bedeuten: Zum einen entfremden wir uns von der Schöpfung, in die wir platziert sind – in sie, nicht über sie oder neben sie –, zum anderen entfremden wir uns von uns selbst.

Unsere Kreatürlichkeit, unser Geschaffensein »inmitten von Leben, das leben will«[76] ist es, das uns alle miteinander verbindet. Der Mensch ist in erster Linie ein Beziehungswesen. René Descartes' »Ich denke, also bin ich« würde in dieser Hinsicht neu formuliert heißen: Zunächst einmal »bin ich«, weil »wir sind«. Ohne ein Wir kein Ich. Diese Verbundenheit zum anderen ist für mich auch der theologische Aussagegehalt des »Imago Dei«, das heißt der in Gen 1,27 zum Ausdruck gebrachten Überzeugung, dass wir im Bilde G*ttes geschaffen sind. Im Bilde einer G*ttheit geschaffen zu sein, die sich als liebendes und treues Gegenüber erweist, heißt zunächst einmal, ebenfalls liebensfähiges Wesen zu sein. Liebe braucht ein Gegenüber, ein Geliebtes. Und: Echte Liebe, die sich verwirklicht, ist immer reziprok, das heißt wechselseitig und dialogisch. Eine einseitige Liebe ist keine Liebe im eigentlichen Sinne, da sie sich nicht verwirklichen lässt und damit nicht Liebe wird, nicht liebt.

So wie diese Relationalität, das »In-Relation-Stehen«, ein Wesenszug G*ttes ist, nach dem wir erschaffen sind, so würde eine Verleugnung dieser Abhängigkeit und Angewiesenheit des Menschen, das Menschsein an sich sowie das Geschaffensein (und damit bereits In-Beziehung-Stehen) des Menschen ignorieren. Es käme einer Entfremdung des Menschen von sich selbst gleich. Imago Dei als Beziehungsaussage verstanden drückt eine Gnadenerfahrung aus, denn darin impliziert G*tt das g*ttliche Aushalten des stetigen und fortwährenden »In-Kontakt-Stehens« zwischen G*tt und G*ttes Schöpfung. Gehen wir aber davon aus, dass G*tt nie aufgehört hat, mit der Schöpfung in Kontakt zu stehen, und gehen wir ferner davon aus, dass die Schöpfung ein Ausdruck der Verwirklichung der g*ttlichen Liebe ist, dann bedeutet unsere bewusste Entscheidung oder auch nur unser Dulden einer Auslöschung des geliebten Gegenübers auch einen Eingriff in G*ttes Liebesbezüge.[77]

Unser Streben nach Unabhängigkeit und einer Sonderrolle im Geschaffensein geht Hand in Hand mit der Vorstellung, wir wären aufgrund unserer Unabhängigkeit frei zu tun und zu lassen, was wir möchten. Freiheit ist ein hohes, aber ebenfalls in sich relationales Gut. Meine Freiheit endet nämlich exakt dort, wo die Freiheit meines Nächsten beginnt. Die eigene Freiheit zu missbrauchen, bedeutet immer auch, sich einem Solidarischsein mit meinem Nächsten zu entziehen. In der Sprache des Glaubens und der Religionen ist dies ein Aspekt von Sünde. (Ökologische) Sünde, verstanden als solidaritätszersetzende Macht, benennt immer auch ein Entfremdungsmoment: von uns selbst und dem, was wir sein könnten, von G*tt, von unserem Nächsten – egal welcher Spezies.

Zwischen Empathie und Entfremdung

Die beiden Aspekte Empathie und Entfremdung, die ich bisher mehrfach gestreift habe, scheinen mir zentral im Hinblick auf die übergeordnete Frage dieses Kapitels, wer welche Rechte habe. Es lohnt sich deshalb, sie nochmals aufzugreifen:

Ist Empathie eine Voraussetzung für die Etablierung und Anerkennung der Rechte Dritter? Zweifelsohne ist die Frage zu einfach, um einer derart komplexen und vielschichtigen Debatte um das bestmögliche Rechtssystem zu begegnen. Ich möchte mich ihr dennoch annähern. Wenn wir fragen, ob andere die gleichen Rechte wie wir selbst haben sollten, obwohl sie uns nicht in jeder Hinsicht gleichen, etwa weil sie eine andere Hautfarbe haben, krank sind, weiblich sind oder homosexuell, so hat sich in der Vergangenheit gezeigt, dass die menschenrechtlichen Errungenschaften stets von einer Vielzahl an unterschiedlichen Akteur*innen bewirkt wurden: maßgeblich natürlich durch eine Bottom-up-Bewegung der Betroffenen selbst. Dies ist im Fall von Tieren, Pflanzen etc. schwer vorstellbar, überhaupt kommen wir mit dem Empathie-Argument an dieser Stelle gegebenenfalls nicht allzu weit. Die wenigsten könnten das notwendige Maß an Empathie für einen Stein oder einen Fluss oder einen Schmetterling aufbringen, um diese als Rechtssubjekte anzuerkennen. Dass Tiere im aktuellen Gesetz unserer Republik noch immer als »körperliche Gegenstände« gelten, auf die die »für Sachen geltenden Vorschriften entsprechend anzuwenden«[78] sind, zeigt, wie weit wir von »Naturrechten« oder so etwas wie »Wasser- und Windrechten« entfernt sind.

Um als Träger*in eines Rechts, als Rechtssubjekt anerkannt zu werden, muss verstanden werden, dass auch nichtmenschliches Leben einen Selbstwert hat, der nicht unbedingt in Relation zu uns steht und der nicht erst durch uns festgestellt werden muss. Das bedeutet, ein Lebewesen, sagen wir ein Dachs, hat einen Wert für sich, unabhängig, ob ich diesen Wert erkenne oder ob ich verstehe und beschreiben kann, wofür der Dachs »gut« und für wen oder was er »wertvoll« ist. Selbst wenn Sie mir bis hierher zustimmen, das heißt, selbst wenn auch Sie der Auffassung sind, dass ein Dachs ein Recht auf körperliche und seelische Unversehrtheit, ein für seine Art angemessenes Habitat hat, so stellt sich zugleich die nächste Frage, nämlich, wer für die Rechte des Dachses eintreten könnte in einem Rechtssystem, in dem der Dachs als Rechtssubjekt sich nicht selbst vertreten und repräsentieren kann.

Aus diesem – zugegebenermaßen herausfordernden – Einwand darauf zu schließen, dass Tiere oder Pflanzen nur deshalb, weil wir in unserer Gesellschaft bislang keine ausreichenden Repräsentationsstrukturen geschaffen haben, keine Rechte haben, ist kurzsichtig. Und daraus wiederum zu folgern, dass wir die Diskussion um eine stärkere Einbeziehung tierlicher Rechte aufgrund mangelnder praktischer Durchsetzungsmöglichkeiten auch gleich sein lassen können, greift aus folgenden Gründen zu kurz: Unser Recht bedenkt auch andere Subjekte als Träger*innen von Rechten, die – sei es temporär oder lebenslang – nicht in der Lage sind, für ihre eigenen Rechte einzustehen: Kinder, Menschen mit Behinderung, Demenzkranke etc. Die sinnentleerte rhetorische Frage: »Ja, soll denn der Dachs dann im Gerichtssaal Platz nehmen?« lässt sich leicht transferieren: »Ja, soll denn das zweijährige Kind einen Hochstuhl im Gericht bekommen?«

Niemand würde infrage stellen, dass Kleinkinder Rechtssubjekte sind, Rechte haben, auch wenn sie selbst weder etwas davon wissen noch dieses Recht eigenständig einklagen könnten. Kinder haben also – und zwar unabhängig davon, ob sie gesund sind oder der Gesellschaft aktuell oder potenziell etwas »bringen« – Rechte. Ihr Selbstwert wird in unserer Gesellschaft rechtsstaatlich vorbehaltlos anerkannt. Anders verhält es sich bei Tier- oder Umweltrechten bzw. Rechten der Natur. Umweltrechte oder Rechte der Natur werden meist nur insofern diskutiert, als die Missachtung von etwas, das wir als »Klimarechte« bezeichnen, für unser eigenes Leben problematisch werden könnte. Kann es der Luft nicht egal sein, wie hoch ihr CO_2-Anteil ist? Wir sind es, für die selbst kleinste Änderungen lebensbedrohlich werden könnten. Worum es uns also in der Debatte um Umweltrechte geht, sind meist wir selbst. Wir wissen um unsere Vulnerabilität und möchten unsere Lebensgrundlage so lang wie möglich erhalten. Umweltrechte und Rechte der Natur werden in unserem Konzept und Kulturkreis also stets in Relation zu Menschenrechten diskutiert.

Andere Länder, andere Rechte

In anderen Ländern ist dies nicht unbedingt der Fall: Das erste südamerikanische Land, das die Natur bzw. Mutter Erde (»Pacha Mama«) 2008 in die Verfassung aufgenommen hat, war Ecuador. Dort heißt es in Artikel 71: »Pacha Mama, in der sich das Leben verwirklicht und realisiert, hat das Recht, in ihrer gesamten Existenz respektiert zu werden.«[79] Dieses Recht kam beispielsweise bereits zur Anwendung, als ein Straßenbau wegen eines Flusses in Ecuador gestoppt wurde.[80] 2010 schloss sich Bolivien an. Auch hier wurde ein »Gesetz zum Schutz der Erde« erlassen, inspiriert durch die universelle Erklärung der Rechte der Mutter Erde, wie sie auf dem alternativen Klimagipfel in Cochabamba verabschiedet wurde (und 2015 in das Pariser Klimaabkommen Eingang fand).

Die Überzeugung, dass »Mutter Erde« eigene Rechte habe, ist nicht vom Konzept des »Buen vivir«, des »guten Lebens« zu trennen. Diese aus andinen indigenen Kulturen entwickelte Kosmologie und Lebensphilosophie ist geprägt von der Überzeugung, dass gut zusammen zu leben die Voraussetzung schlechthin für ein gelingendes Leben ist. Pacha Mama gilt als heilige Quelle allen Lebens. »In der Anerkennung von Natur als Rechtssubjekt ist eine klare Abgrenzung zum westlichen, säkularen Weltbild der Moderne sichtbar, in der Natur nur als rechtlose Ressource zur schrankenlosen Ausbeutung durch den Menschen vorkommt.«[81] »Buen vivir« gehört zur Lebensphilosophie indigener Völker in Bolivien, aber auch in Chile und Peru, die in der jüngeren Vergangenheit wiederentdeckt werden. Es steht für Natürlichkeit gegenüber einer unnatürlichen Moderne. Dabei wird Harmonie und Gleichgewicht gegen die modernen Konzepte von individuellem Glücklichsein, Konsum und einer Wegwerfkultur stark gemacht. 2005 wurde erstmals ein Vertreter indigener Völker Präsident in Bolivien. Der Ansatz des neuen Gesetzes ist eine Hoffnung auf den Umbau des Kapitalismus zu einem sozialen und ökologisch-nachhaltigen Wirtschaften. Darin steckt auch der Wille, die koloniale Vergangenheit zu überwinden.

Auch in Uganda sind Naturrechte in der Verfassung verankert; zunehmend liegen auch im Globalen Norden entsprechende Anträge vor. Die europäische Initiative »The Embassy of the North Sea«, welche in den Niederlanden ansässig ist, setzt sich dafür ein, dass die Nordsee bis 2030 als juristische Person anerkannt und mit einem Sitz im Parlament vertreten ist. Böden, Pflanzen (wie der wilde Reis im Gebiet der Großen Seen Nordamerikas), Berge (so der Uluru-Fels in Australien), Wälder (Kolumbiens) sowie Flüsse (wie der Ganges und der Yamuna-Fluss in Indien, der Whanganui River in Neuseeland und etliche weitere) sind inzwischen als juristische Personen anerkannt.[82] Gerichte erkennen an, dass die Rechte von Flüssen und Wäldern durch Verschmutzung oder Abholzung verletzt werden.

Bereits 1982 wurde durch die UN die »Weltcharta für die Natur«[83] verabschiedet.

Bei all dem muss allerdings bedacht werden, dass die Anerkennung der »Naturrechte« nicht in jedem Fall rein »um der Natur willen« geschieht. Religiöse Interessen, wie rituelle Bäder, oder auch massive Nutzungskonflikte benachbarter Staaten spielen in die Entscheidungen mit hinein.

Ein weiterer wissenschaftlicher Ansatz zur Begründung von Naturrechten besteht darin, diese über den Begriff des Eigentumsrechts zu erschließen: Da die Natur einen eigenen Wert hat, stehen ihr Eigentumsrechte an ihren eigenen Ressourcen zu. Nutzen wir (Menschen) diese, so nutzen wir fremdes Eigentum und sind diesem in besonderer Weise verpflichtet.[84]

Personenrechte für Hiasl

Im Zuge der Debatte um Tierrechte hat der Fall des Schimpansen Hiasl im Jahr 2007 und danach für Aufsehen gesorgt. Der österreichische Jurist Eberhart Theuer führte den weltweit ersten Prozess mit dem Ziel, die Rechte und den Personenstatus des Schimpansen Matthias Pan, auch »Hiasl« genannt, einzuklagen. Hiasl hatte zu diesem Zeitpunkt bereits Tragisches erlebt: Er wurde als Einjähriger aus Sierra Leone nach Österreich verschleppt, wo er für Tierversuche in einem Pharmaunternehmen vorgesehen war. Durch den Einsatz von Tierschutz- und Tierrechtsaktivist*innen wurde dies verhindert und Hiasl wurde zunächst in einer menschlichen Pflegefamilie, dann in einem Tierschutzhaus untergebracht. Als dieses Tierschutzhaus aus wirtschaftlichen Gründen zu schließen drohte, bestand akute Gefahr, dass Hiasl (und seine Partnerin Rosi) verkauft werden würden – sogar zu Versuchszwecken. Dies hätte sich nur dadurch verhindern lassen, wenn Hiasl und die anderen im Tierschutzhaus untergebrachten Menschenaffen Personenrechte bekommen hätten. Solange sie diese nicht haben, gelten Tiere als Teil der »Konkursmasse«; ihre Rechte werden durch das geltende Tierschutzgesetz nicht ausreichend geschützt. Ich möchte an dieser Stelle nicht weiter auf Hiasl eingehen. Vielleicht nur so viel: Der »Fall« ging bis vor den Europäischen Gerichtshof für Menschenrechte (EMGR), der Personenstatus konnte dort allerdings nicht durchgesetzt werden. Der Streit und die mediale Aufmerksamkeit, die dieser erhielt, sorgten allerdings für eine Sensibilisierung für die Frage sowohl nach der Definition von Person, die – in der Tradition Kants stehend – stark am oben bereits kritisch bewerteten Autonomiebegriff hängt, als auch für die Frage nach der Unterscheidung von Mensch und Tier.[85]

Hiasl steht beispielhaft für den Einsatz des Great Ape Projects, welches sich seit den 1990er-Jahren für die Anerkennung von Menschenrechten für Menschenaffen einsetzt. Immer wieder hat sich die katholische Kirche als größte Gegnerin dieses Anliegens gezeigt. Im Hintergrund steht die Sorge, dass hier Präzedenzfälle geschaffen werden könnten, die eine Art »Dammbruch-Argument« für die Ausweitung des Rechtsstatus zur Folge hätten. Ausschlaggebend scheint hier die Angst einiger, dass die eigenen Rechte durch die Anerkennung weiterer Subjekte als gleichwertige (wenn auch nicht gleichartige) Rechtssubjekte eingeschränkt würden. Einerseits könnte man hier sagen, dass mein eigener Status als Rechtssubjekt durch eine Anerkennung derselben Rechte für andere Subjekte doch keinesfalls gefährdet sei, andererseits ist die Sorge oder Angst meines Erachtens völlig berechtigt, dass die Anerkennung von Rechten für andere unmittelbare Auswirkungen auf unser eigenes Leben hat. Meine Rechte stehen immer in Relation zu den Rechten anderer, weshalb eine Ausweitung der Rechte anderer eine Auswirkung auf mein eigenes Leben hat.

So, wie es für die ehemaligen »Sklav*innenhalter*innen« eine Veränderung bedeutete, als für Schwarze und *Weiße* endlich Rechtsgleichheit hergestellt wurde, so bedeutete auch die Anerkennung etwa des Frauenwahlrechts einen Eingriff in bestehende patriarchale Strukturen. Nicht umsonst gehen diesen Rechten erbitterte und jahrelange Kämpfe voraus. Und so wäre es auch, käme es zu einer Ausweitung der Rechte der Tiere, der Pflanzen, des Wassers und der Luft. Würden wir, wie der Politikwissenschaftler Bernd Ladwig es fordert, das Recht auf Leben, körperliche und seelische Unversehrtheit allein schon für unsere sogenannten »Nutztiere« anerkennen, würde dies für die meisten von uns einen radikalen Lebenswandel nach sich ziehen. Dass das Thema der Rechte für nichtmenschliche Subjekte so kontrovers diskutiert wird, liegt nicht etwa daran, dass die meisten Menschen nicht zustimmen würden, dass es für ein Schwein schöner wäre, in einem Wald, auf einem Feld oder zumindest in einem schönen Stall mit Freilauf, Familienanschluss, Suhlgruben et cetera leben zu können und dort so lange leben zu dürfen, wie es möglich ist, und nicht vorzeitig für unser Schnitzel mit dem Bolzenschuss ermordet zu werden.[86] Das Problem ist, dass wir dann tatsächlich das Recht auf Leben dieses Schweines über unser angebliches Recht auf ein Schnitzel stellen müssten. Argumente, wie jene des verstorbenen Moraltheologen Eberhard Schockenhoff, man habe ein Recht Tiere zu töten, um »seine eigene Ernährung auf eine schmackhafte, abwechslungsreiche und gesunde Basis zu stellen«[87], sind in Abwägung des Lebensrechts eines Schweines nicht haltbar. Was für Menschen gilt, gilt auch für Tiere: Es gibt keinen gerechten Tod! Jeder Tod, der vorzeitig und durch Dritte bestimmt ist, ist ungerecht. Sollten Tiere also nicht doch Teil unserer Rechtsgemeinschaft werden, da sie bereits Teil unserer Lebens- und Wohngemeinschaften sind (bzw. eher: wir Teil der ihren!)? Wie könnte dies aussehen?

Diesem Gedanken weiter nachzugehen und auf die Spur zu kommen, fordert unser bisheriges Verständnis und Weltbild unter Umständen ganz schön heraus. Denn es liegt an uns als der aktuell dominantesten Spezies, die Stimmen der anderen wahrzunehmen und zu hören. Der

Versuchung, den Wert eines menschlichen sowie nichtmenschlichen Lebens in Biokapital umzurechnen und damit eine wirtschaftliche Abwägung anzustellen, muss meines Erachtens widerstanden werden – gehen wir davon aus, dass alle Geschöpfe sich einer Schöpferkraft verdanken. Wer könnte ernsthaft behaupten, er wüsste, wie der intrinsische Wert eines Tieres oder einer Pflanze in Geldwert zu ermitteln sei?[88] Wer gäbe uns das Recht, die Wertigkeit anderen Lebens zu ermitteln oder festzuschreiben? Oder umgekehrt: Wer gibt uns das Recht, sie ihnen abzusprechen? Wie schaffen wir es, die Lebensrechte anderer Individuen anzuerkennen, ohne unsere eigenen zu verleugnen?

Warum sollten wir nicht an den Grenzen unserer eigenen Spezies haltmachen? Weshalb ist eine Offenheit und ein Gewahrsein für die Fragen des Lebens anderer – auch der nichtmenschlichen Wesen – unabdingbar?

Verstehen wir uns als gläubige Christ*innen, so leben und bewegen wir uns einerseits im Hier und Jetzt, wissend, dass dies nicht bereits das vollkommene Reich G*ttes ist, andererseits sind wir davon überzeugt, dass G*tt, dass das Reich G*ttes bereits mitten unter uns ist. Der Anbruch dieses Reiches G*ttes in unserer Welt, in unserem Dasein und in der Schöpfung weitet unseren Horizont, stellt uns hinein in einen größeren Lebens- und Sinnzusammenhang. Unsere Existenz ist nicht rein innerweltlich bedingt, auch wenn dies biologisch durchaus der Fall sein mag. Indem wir von uns als Geschöpfen, von G*tt als Schöpfungskraft und von anderen als Mitgeschöpfen sprechen, verleihen wir damit der Überzeugung und dem Glauben Ausdruck, dass unser Gewolltsein, unsere Existenzen, unser Wert sowie unsere Würde über uns selbst hinausgehen, uns nicht erst zugeschrieben werden müssen, sondern allein im Geschöpfsein bereits gegeben sind.

Wir geben uns diese Würde nicht selbst, wir geben sie auch nicht anderen, sondern sie ist – vorgeburtlich – gegeben. Unser Leben steht damit stets in einer mehrfachen Relation: zu unseren Mitgeschöpfen sowie zu G*tt. Genauer gesagt ist es so, dass wir zu allen Mitgeschöpfen deshalb in Kontakt stehen, weil auch sie Geschöpfe G*ttes sind. Wir können uns dieser Relationalität nicht entziehen, weshalb wir uns auch der Solidarität mit ihnen nicht entziehen können. Unser Glauben bringt eine Offenheit für das Leben, die Würde und das Wohl der Mitgeschöpfe mit sich und erfordert damit zugleich einen Einsatz. Wenn wir daran glauben, dass es nicht unsere Entscheidung und erst recht nicht unser Verdienst ist, zu leben, und dies für alle Geschöpfe – aufgrund ihres Geschöpfseins – gilt, dann sollten wir sehr genau hinterfragen, ob es unsere Entscheidung sein darf, anderes Leben leichtfertig zu beenden. Natürlich muss man nicht gläubig sein und auch kein*e Christ*in, um sich für den Erhalt der Natur, Umwelt, Mitwelt ... Schöpfung einzusetzen. Aber wenn man gläubig ist, gebietet es ein reflektierter Glaube, stets wach zu sein und sich anfragen zu lassen, ob der eigene Eingriff in die Schöpfung der Würde des Geschaffenseins durch eine g*ttliche Schaffenskraft gerecht wird.

Was bedeutet dies nun für die Rechte von nichtmenschlichen Tieren?

Die Frage nach den Tierrechten ist komplex und zugleich eingebettet in Fragen der Menschenrechte – Sklav*innenrechte, Frauenrechte, Rechte nicht-heterosexueller Menschen etc. Sie lässt sich ausweiten auf Diskussionen um Pflanzenrechte, Bodenrechte, Klimarechte. Ich habe die Erfahrung gemacht, dass es Menschen noch schwerer fällt, sich auf ethische Überlegungen hinsichtlich sogenannter »Wildtiere«, Pflanzen und Böden einzulassen als auf jene hinsichtlich unserer domestizierten Tiere, weshalb ich mich nun exemplarisch nochmals auf diese Tierrechte konzentriere:

Ein kritisches Argument, das in der Tierrechtsdebatte immer wieder angeführt wird, ist, dass wir ja nur schwer den Willen der Tiere berücksichtigen könnten, denn genau genommen wäre es ja übergriffig zu meinen, wir wüssten, was Tiere genau wollen. So genau kennen wir sie nicht und wir können schließlich nicht in die Köpfe der Hühner hineinschauen, und da sie außerdem nicht unserer Sprache fähig sind, können sie ihren Willen auch nicht artikulieren. Wer so denkt und argumentiert, der müsste sich auch fragen, wie Rechte von beispielsweise Neugeborenen, Menschen mit schwerer Behinderung etc. zu begründen sind.

Außerdem sitzen wir hier einem zweiten Irrtum auf: Es ist nicht so, dass Tiere ihren Willen nicht äußern würden oder wir diesen nicht zumindest teilweise kennen würden. Um Tiere so zu unterwerfen und zu manipulieren, auszutricksen und betrügen zu können, wie wir dies tun, setzt voraus, ihren Willen und ihre Eigenschaften sehr gut zu kennen. Man muss schließlich wissen, was der andere möchte, um ihn zwingen zu können, das nicht zu tun. Wir kennen den Willen des anderen durchaus genau, stellen unseren eigenen aber über seinen/ihren – sei es unser eigener Wille nach einem Schnitzel, nach einer Ledertasche und und und. Wir belügen uns selbst, wenn wir unser schlechtes Gewissen damit beschwichtigen, dass wir uns eine Notwendigkeit unserer Handlungen suggerieren, im Sinne von: Das ist das Beste für das Schwein. Den Gipfel der Skurrilität ist das Argument, dass das Schwein doch froh sein könne, dass wir es essen wollen, es wäre sonst womöglich gar nicht geboren worden.[89] Das Leiden lässt sich rechtfertigen um eines (ohnehin zu diskutierenden) höheren Gutes Willen. Die bereits erwähnte Tierrechtlerin Hilal Sezgin führt an dieser Stelle das Beispiel eines menschlichen Zahnarztbesuches an: Klar bereitet es uns Schmerzen, wenn die Zahnärztin an unserem Zahn bohrt, aber wir wissen, dass dies notwendig ist und halten die Schmerzen so aus – um eines höheren Gutes Willen. Aber lässt sich der Schmerz eines Lebens in Gefangenschaft, auf urinverseuchtem Boden, in Isolationshaft, der Schmerz, wenn die eigenen Kinder einem direkt nach der Geburt entrissen werden, und die stundenlangen Transporte in schlecht belüfteten LKW hin zu einem Schlachthof, die panische Angst und der Todesschrei vor dem Schuss wirklich rechtfertigen oder als notwendig darstellen? Was wäre das höhere Gut, das solch eine Qual akzeptabel erscheinen ließe?

»Schon immer so« ist schon immer ein schwaches Argument

Jene, die nun behaupten, dass dies schon immer so war und deshalb auch so bleiben könne, müssten sich damit auseinandersetzen, dass weder die »gute Schöpfungsordnung« im Garten Eden noch die Kulturgeschichte der Menschheit »schon immer« irgendwie ablief. »Schon immer so« ist ein Argument, das per se nicht stimmt. Nichts war schon immer so! Und selbst wenn etwas lange Zeit so war, heißt das nicht, dass wir dies – aufgrund besseren Wissens, eines höheren ethischen Anspruchs oder einer Fülle an Alternativen (!) – nun nicht doch noch ändern könnten und deshalb auch ändern sollten. Manche mögen der Auffassung sein, dass es »natürlich« sei, anderes Leben zu verzehren. Zum einen muss man hier fragen, was bitte an unserem »sonstigen« Leben »natürlich« ist? Unsere SUVs? Unser elektrisches Licht? Das Internet? E-Bikes? Die Zahnspange? Die Brille? Tiefgefrorenes Sperma zur künstlichen Besamung? Was bitte, soll »natürlich« sein an einem Leben, wie wir es führen? Und wenn »fressen und gefressen werden« so natürlich ist, wäre es dann – zum anderen – nicht auch natürlich, wir würden uns gegenseitig essen? »Absurd!«, denken Sie vermutlich. Und genau das ist es.

Bei diesem Dilemma helfen uns leider auch keine »besseren Haltungsbedingungen«, »Tierwohlsiegel« oder sonstigen Label, die unser Gewissen beruhigen. Es ist für Tiere kein Wohl, in Ställen gemästet und gehalten zu werden. Bei Mast- oder Milchbetrieben von »mehr Tierwohl« zu sprechen, ist ein Hohn. Jede Scheibe Wurst und jedes Stück Fleisch ist ein totes Stück Körper. Welches Siegel sollte diese Tatsache verschönern?

Es ist zutiefst problematisch, dass unser Rechtssystem Tiere als »körperliche Gegenstände« behandelt. Tiere sind nicht etwas, sie sind Subjekte, sie sind »jemand«. Tiere haben eine Geschichte, sie haben eine Familie, sie hängen an ihrem Leben, sie empfinden Angst, sie empfinden Freude, sie sind neugierig, sie spielen, sie haben ihre eigene Sprache und ihre Ausdrucksmöglichkeiten, sie kennen gute und schlechte Tage. Sie dürfen nicht »Eigentum« von anderen sein, weil sie unsere Mitgeschöpfe, unsere Gefährt*innen sind. Wir haben kein Recht, ihr Leben zu beenden, ihr Leben zu manipulieren und wir haben auch kein Recht, sie einzusperren und zu dressieren. Wir haben auch kein Recht, sie zu unserer Unterhaltung und Freizeitgestaltung in Zoos auszustellen, durch Zirkusmanegen zu hetzen oder für TV-Shows auszubeuten. Wir dürfen sie nicht einfach töten, nicht gefangen halten und ihnen ihre Kinder wegnehmen. Auch Tiere haben ein Bedürfnis nach einem selbstgestalteten Leben, nach Freiheit, nach Artgenoss*innen. Unsere Willkür, mit der wir diesem Bedürfnis begegnen, es ignorieren und kleinreden, bedeutet, ihre moralischen Rechte zu missachten.

Ich möchte nicht falsch verstanden werden: Moralische Rechte sind unveräußerlich, das heißt, sie können nicht aufgegeben und auch nicht übertragen werden, aber sie sind selbstverständlich nicht uneingeschränkt. Alle Freiheitsrechte enden dort, wo die Freiheitsrechte der/des anderen beginnen. Freiheit heißt gerade nicht, dass wir alles tun können, was wir tun wollen. Keineswegs. Und dennoch: Meine Freiheit, etwas zu verspeisen, endet dort, wo das Leben meines Nächsten beginnt; wo das Recht meines Nächsten auf Leben, Zukunft und Unversehrtheit beginnt. Erkennt man moralische Rechte von Tieren an, so ist es allerdings noch ein weiter Weg, bis diese gesetzlich verankert sind oder sich gar in politischen Rechten, etwa in demokratischen Modellen wiederfinden, die es ermöglichen, sowohl innerhalb unserer eigenen Spezies als auch speziesübergreifend Möglichkeiten zu eröffnen, den gemeinsamen öffentlichen Raum zu gestalten. Eine kleine Randbemerkung: In der Architektur gibt es bereits anfängliche Unternehmungen, den öffentlichen Raum tatsächlich als speziesübergreifenden Raum wahrzunehmen und zu nutzen. »Animal-aided Design« beschreibt das Bestreben, unsere Wohn- und Lebensräume so zu gestalten, dass sie auch dem Willen und den Bedürfnissen tierlicher Bewohner*innen entsprechen.

Speziesübergreifende Verantwortungsgemeinschaften?

Das Thema der tierlichen Rechte habe ich hier anhand von Beispielen aus der Fleischindustrie und Unterhaltungsindustrie erläutert. Schwieriger stellt es sich dar, wenn wir darüber nachdenken, ob wir unser eigenes Leben, beispielsweise gegenüber Angriffen von Tieren, verteidigen dürfen. Zwar stellt sich diese Frage in unserem Kulturkreis eher selten – wir haben ja schließlich dafür gesorgt, dass unsere Lebensräume jene Tiere, die sich bis heute nicht haben domestizieren lassen, eher fernhalten. Was es bedeutet, wenn sich unsere Lebensräume mit jenen der Wölfe überschneiden, kann man in einigen Gegenden Sachsens und anderswo derzeit erfahren.

Aber angenommen, wir kämen in einen (noch größeren) Konflikt, bei dem es das eigene Lebensrecht oder jenes unserer Kinder gegen das eines anderen Lebewesens zu verteidigen gelte. Nun: So, wie uns in zwischenmenschlichen Konflikten unsere eigenen Verwandten, die eigene Familie (meist) näher sind als andere Menschen, wir uns ihnen näher fühlen und ihr Wohlbefinden deshalb für uns Priorität hat, so verständlich ist es, dass sich die meisten von uns der eigenen Spezies näher fühlen. Wir fühlen uns denjenigen gegenüber stärker verantwortlich, denjenigen stärker verpflichtet, die Teil unserer – emotionalen und/oder räumlichen – Lebens- und Verantwortungsgemeinschaft sind. Dass dies so ist, heißt natürlich umgekehrt nicht, dass wir für die uns nicht derart Nahestehenden keine Verantwortung hätten oder mit deren Leben willkürlich umgehen könnten.

Die Frage ist nun: Wie kann die Tatsache, dass immer mehr Menschen Tiere zu ihrer Lebens- und Verantwortungsgemeinschaft zählen, gesamtgesellschaftlich, politisch und rechtlich abgebildet werden?[90] Oder umgekehrt gefragt: Wie kann unser Recht so gestaltet werden, dass deutlich wird, dass auch nichtmenschliche Lebewesen aufgrund ihres Selbstwertes eine eigene Würde und eigene unveräußerliche Rechte haben und diese geschützt werden müssen?

Während es uns gegebenenfalls noch plausibel erscheint, denjenigen Lebewesen, die uns tagtäglich begegnen – sei es, weil wir mit ihnen unsere Wohnungen, Sofas oder auch Betten teilen, oder weil sie uns täglich auf dem Teller oder in unseren Gefriertruhen begegnen –, einst mehr Rechte einzuräumen, stellt sich natürlich die Frage, wie dies mit all denjenigen Lebewesen ist, die wir nicht bewusst wahrnehmen. Diejenigen Spezies, die am stärksten vom Aussterben bedroht sind – Insekten, Fische, Kleinstlebewesen –, sind ja gerade nicht jene, die wir wissentlich und willentlich vor Augen haben.

Und auch in Bezug auf unsere »Nutztiere« funktioniert eine derart massive Ausbeutung nur, da wir sie und ihr Leid aus unserem Nahraum verbannt haben. Die meisten Menschen, die gerne Gänseleberpastete essen, würden es nicht übers Herz bringen, einer Gans einen Trichter in den Hals zu stecken und sie brutal zum Schlucken von zu vielen Kohlenhydraten zu zwingen. Die meisten Menschen, die gerne »Bärchenwurst« essen, würden es nicht schaffen, ein Schwein unter massiver Gegenwehr zu fixieren und die Schreie zu ertragen, bis der Bolzenschuss – den sie selbst setzen müssten – oder die Elektrozange das Ihre getan hätten. Und ich würde auch behaupten, dass es die meisten Menschen nicht kalt lässt zu sehen, wie Kälbchen ihren Müttern entrissen werden und diese tage- und nächtelang einander rufen.

Der Soziologe Zygmunt Bauman legte eine beeindruckende Analyse der Shoa vor.[91] Ich möchte keinesfalls einen Vergleich des aktuellen Ökozids mit dem Genozid der Shoa anstellen und unterstütze alle Kritik und Empörung an solchen Vergleichen vehement.[92] Und dennoch denke ich, dass eine theoretische Betrachtung darüber, wie eine abnehmende Nähe zu zunehmender Gewalt beitragen kann, auch für andere Kontexte hilfreich sein kann. Seine These lautet: Je größer die Zerstörung der Nähe zwischen denjenigen, die zu »Opfern«, und jenen, die zu »Täter*innen« wurden, desto mehr verstummten die Verantwortung füreinander und das Bewusstsein für das geschehende Unrecht. Der Theologe Sigurd Bergmann fasst es so in Worte: »Proportional zum Verschwinden des Anderen aus dem eigenen Blick verringerte sich auch die Fähigkeit zur Verantwortungsübernahme ihm gegenüber.«[93]

Es wäre naiv zu denken, dass die Lösung schlichtweg darin bestünde, wieder mehr in die Natur zu gehen, sich dem Eigenleben der Natur stärker auszusetzen. Für manche mag dies stimmig erscheinen, allerdings besonders für jene, die die an sich bereits empfundene Nähe zur Natur stärker leben und umsetzen möchten. Entwicklungspsychologisch ist es nun einmal so, dass wir Vertrauen und Verantwortung zunächst im kleinen Nahraum unserer Familien oder in privaten Lebensbereichen erfahren (zumindest im besten Fall) und erlernen. Es geht darum, Empathie hier zu erfahren, zu entwickeln und zu kultivieren und den Kreis der Adressat*innen der eigenen Empathie dann sukzessive auszuweiten, auch auf andere Lebensbereiche und das nichtmenschliche Leben zu übertragen. Bergmann knüpft an das Matthäusevangelium, Kapitel 25 an. »Und die königliche Person wird ihnen antworten: ›Wahrhaftig, ich sage euch, alles, was ihr für eines dieser meiner geringsten Geschwister getan habt, habt ihr für mich getan‹.« (Mt 25,40) Das bedeutet: Was ihr denjenigen, die euch nahe und verwandt sind, getan habt, das könnt ihr auch auf die anderen übertragen, ihr tut mir – dem G*ttlichen – das an, was ihr euren Nächsten antut. Dieses Ineinander von Transzendenz und Immanenz, von nah und fern, verwandt und bekannt, wächst hinein in einen ehrfürchtigen Umgang mit dem Leben insgesamt.[94]

Von Albert Schweitzer stammt die schon erwähnte Losung, dass »[d]ie fundamentale Tatsache des Bewußtseins des Menschen lautet: ›Ich bin Leben, das leben will, inmitten von Leben, das leben will.‹ Der denkend gewordene Mensch erlebt die Nötigung, allem Willen zum Leben die gleiche Ehrfurcht vor dem Leben entgegenzubringen, wie dem seinen. Er erlebt das andere Leben in dem seinen. Als gut gilt ihm, Leben erhalten, Leben fördern, entwickelbares Leben auf seinen höchsten Wert bringen. Als böse: Leben vernichten, Leben schädigen, entwickelbares Leben niederhalten. Dies ist das denknotwendige, universelle, absolute Grundprinzip des Ethischen.«[95] Diese Theorie der Ethik einer Ehrfurcht vor dem Leben weitet Bergmann aus, und zwar unter Einbezug des Naturverständnisses von Jakob Johann von Uexküll. Bergmann formuliert den wunderbaren Satz: »Ich bin Leben, das inmitten eines Raumes leben will, in dem auch andere leben wollen.«[96]

Dunkelgrüne Religion

Diese Überlegungen mögen auf den ersten Blick recht trocken und theoretisch erscheinen, de facto sind sie es nicht, wenn man Theologie – wie ich es tue – als zutiefst politisches Unterfangen versteht. Für Christ*innen kann es meines Erachtens keinen neutralen Standpunkt geben. Neuere schöpfungstheologische Überlegungen wie die einer »(Dark) Green Religion«, einer »(Dunkel)grünen Religion« können auch für das Christentum Anlass zur Reflexion und Inspiration werden. Der Theologe Bron Taylor gilt als einer der Hauptprotagonist*innen der »Dark Green Religion«. Sein Werk *Dunkelgrüne Religion. Naturspiritualität und die Zukunft des Planeten* wurde zum Standardwerk einer öko-sensiblen Religion. Diese bezieht sich nicht auf eine bestimmte Religion oder Konfession, sondern weitet etablierte religiöse Vorstellungen.

Dunkelgrüne Religion nimmt ihren Ausgangspunkt in der Überzeugung, dass die Vielfalt der Natur, die Vielfalt der Geschöpfe, der Begegnungsort G*ttes ist. »Natur« wird hier als heilig verstanden, sie ist Ort G*ttes, die Präsenz der g*ttlichen Immanenz. »Heilig« heißt nicht unversehrt, heißt nicht naiv oder unschuldig. »Heilig« heißt »einen eigenen Wert zu haben«, der Fürsorge wert und würdig zu sein. Verwandtschafts- und Freundschaftsverhältnisse werden in diesem Konzept auf nichtmenschliches Sein ausgeweitet. Ein Bewusstsein für die Verwobenheit allen Lebens ist es, für die das Herz jener Dunkelgrünen Religion schlägt. Da Natur in ihr als heilig begriffen wird, erwächst daraus eine ethische Verantwortung und ein politisches Mandat für sie. Dunkelgrüne Religion versteht sich dabei nicht als in einer bestimmten religiösen Tradition stehend oder einer bestimmten Religion nahe, sie fühlt sich des evolutiven schöpferischen Prozesses aller Existenzen verpflichtet. Ihr Referenzpunkt ist nicht die von einer verfassten Religion oder gar Lehre vertretene G*ttesvorstellung, sondern die Biosphäre selbst, welche als sakral, als von und mit G*tt durchwoben wahrgenommen wird. Ob Natur dann als episches Narrativ, als Einssein mit G*tt (Pantheismus), als mit eigener Spiritualität und Intelligenz ausgestattet (Animismus), als Ort der Kraft und des Heils (Schamanismus) oder als eigenes Lebewesen (Gaia-Hypothese) aufgefasst wird, ist für die Dunkelgrüne Religion sekundär. Anders als bei vielen christlichen ökotheologischen Ansätzen, geht es der Dunkelgrünen Religion nicht darum, umweltfreundliches Verhalten als religiöse Pflicht oder Verantwortung stark zu machen – obgleich ein solches Verhalten und Handeln zwangsläufig aus ihr resultiert. Es geht ihr darum, die Biosphäre als religiöse Sphäre zu verstehen und wahrzunehmen, als religiös an sich.

Im Wissen darum, dass das Christentum durch seine Lehre des Menschen als (gegen)über der Natur stehend auf eine problematische Vergangenheit und Gegenwart der Verstrickung in Ausbeutungsnarrative und -handlungen blickt, ist es für die Dunkelgrüne Religion wichtig, sich eine Skepsis zu jenen Lehren der verfassten Religionen zu bewahren, die die Natur als Offenbarungsraum und Wirkraum einer g*ttlichen Kraft zerstören. Wo das Christentum so tut, als ob es ihm um einen Theo- oder Christozentrismus ginge (also G*tt bzw. Christus im Mittelpunkt des eigenen religiösen Denkens, Fühlens und Handelns stünde), de facto aber ein Anthropozentrismus (also ein Kreisen um die eigene Spezies Mensch) praktiziert, votiert die Dunkelgrüne Religion für einen Biozentrismus. Bios, das Leben selbst, ist der Mittelpunkt dieser Religion. Leben, so kann man argumentieren, verdankt sich auch hier nicht sich selbst, sondern einer Kraft, aus der heraus es entspringt und mit der es stets verwoben ist.

Für meine Überlegungen spielt es eine untergeordnete Rolle, ob das, worum es der Dunkelgrünen Religion geht, christlichen Ursprungs ist. Sie selbst ist es nicht und dennoch sehe ich sie als wertvollen Impuls für eine neue Vision einer ganzheitlichen christlichen Schöpfungstheologie und Spiritualität an. Ganzheitlich in dem Sinn, dass unser Ganz-Sein sich nicht vom Ganz-Sein, vom Lebensrecht und Heilswillen der anderen Geschöpfe trennen lässt. Frage ich die Menschen in meinem Umfeld, so gehört zu ihrer Vision eines guten Lebens stets auch das Wohlergehen der anderen, das Ermöglichen des Lebens anderer Individuen. Viele sind bereit, Kraft, Zeit, Klugheit, Geld und Kreativität in die Verbesserung des gesellschaftlichen und auch ökologischen Miteinanders zu investieren.

Vor diesem Hintergrund und dem immer wieder aufbrechenden, generationenübergreifenden Engagement für ein nachhaltigeres Leben sowie der wissenschaftlichen Innovationen, scheint es mir widersinnig, nicht alle Energie und Hoffnung in den Durchbruch dieser Visionen zu stecken.

5

Warum es so (nicht) weitergehen kann: Unsere generationenübergreifende Verantwortung

Von einer »Alarmstufe Rot für die Menschheit« spricht der UN-Generalsekretär António Guterres im August 2021, nachdem der erste Teil (von insgesamt drei) des Sechsten Weltklimaberichts des Intergovernmental Panel on Climate Change (IPCC) veröffentlicht wurde. »Die Alarmglocken sind ohrenbetäubend und die Beweise unumstößlich«, so Guterres.[97] Amina Mohammed, stellvertretende UN-Generalsekretärin, sagt über unsere gegenwärtige Situation, sie sei eine »Spirale der Selbstzerstörung«, so im Bericht des UN-Referats für Katastrophenfürsorge der Vereinten Nationen (UNDRR).[98]

Ähnlich alarmierende Worte lesen wir auch in Papst Franziskus' Enzyklika *Laudato si* unter Nummer 161:

»Die verhängnisvollen Prognosen dürfen nicht mehr mit Geringschätzung und Ironie betrachtet werden. Wir könnten den nächsten Generationen zu viel Schutt, Wüsten und Schmutz hinterlassen. Der Rhythmus des Konsums, der Verschwendung und der Veränderung der Umwelt hat die Kapazität des Planeten derart überschritten, dass der gegenwärtige Lebensstil, da er unhaltbar ist, nur in Katastrophen enden kann, wie es bereits periodisch in verschiedenen Regionen geschieht. Die Abschwächung der Auswirkungen des derzeitigen Ungleichgewichts hängt davon ab, was wir jetzt tun, vor allem, wenn wir an die Verantwortung denken, die uns von denen zugewiesen wird, die die schlimmsten Folgen zu tragen haben.«[99]

Doch dass es so nicht weitergehen kann, dass sich die Menschheit längst nicht mehr von selbst in Balance mit den natürlichen Ressourcen und den Regenerationszyklen der Erde hält, ist nichts Neues. Gerade die zweite Hälfte des 20. Jahrhunderts war von vielfältigen Aktionen, Konferenzen, Absichtserklärungen, Selbstverpflichtungen und letztlich auch politisch implementierten Regularien und Verbindlichkeiten zu einem nachhaltigeren Miteinander gekennzeichnet – die Studie »Die Grenzen des Wachstums« des Club of Rome habe ich in vorherigen Kapiteln schon erwähnt. Auch die OECD-Staaten haben schon vor einer Dekade über eine Carbon-Bepreisung nachgedacht.[100]

Bereits seit den 1980er Jahren setzen auch kirchliche Kreise die Überlebensfähigkeiten der Menschheit und des Planeten, gerade angesichts einer rapide zurückgehenden Artenvielfalt sowie zunehmender Dürreperioden, Wasserknappheit, Brände, Starkregen etc. auf ihre Agenda. Als Beginn für eine übergreifende Mobilisierung und Vernetzung in Sachen »Engagement für die Schöpfung« wird meist die »VI. Vollversammlung des Ökumenischen Rates der Kirchen« (ÖRK) 1983 in Vancouver/Kanada genannt. Allerdings ging es hier noch nicht primär um ökologische Fragen. Im Vordergrund stand eine Diskussion um den Einsatz von Massenvernichtungswaffen, die aus Sicht der Vollversammlung den weltweiten Frieden empfindlich gefährden würden. Es folgten zahlreiche »konziliare

Prozesse« und Versammlungen auf lokaler sowie globaler Ebene (z. B. 1989 in Basel/Schweiz, 1990 in Seoul/Korea, 1997 in Graz/Österreich, 1998 in Harare/Äthiopien, 2007 in Sibiu/Rumänien), die allesamt von der Einigkeit darüber gekennzeichnet waren, dass Frieden soziale, ökologische und wirtschaftliche Gerechtigkeit voraussetzt; dass Frieden nur im Einklang mit der Schöpfung erreicht werden kann, und dass jeder Form von Ausbeutung – sei es eine Ausbeutung der Böden, der Tiere, anderer Menschen – entschieden entgegengetreten werden muss. Und dass der Kampf gegen Militarismus, Rassismus, Sexismus, Klassenherrschaft auch genuine Aufgabe von Christ*innen und somit auch der Kirchen ist.

Auch überkonfessionelle und religionsübergreifende Netzwerke, Kooperationen und Austauschprozesse – wie beispielsweise »AGAPE« (»Alternative Globalization Addressing People and Earth«, also »Alternative Globalisierung im Dienst von Menschen und Erde«) – schlossen sich zusammen, um gegen Unterdrückung und Gewalt anzugehen. Der »Konziliare Prozess für Gerechtigkeit, Frieden und die Bewahrung der Schöpfung«, brachte bereits Etliches davon ins Wort, was noch heute von erschreckender und zunehmender Dringlichkeit ist. Parallel ist auch im politischen Handlungsfeld und Agenda-Setting eine Aufmerksamkeit für die Begrenztheit planetarer Ressourcen bemerkbar.

Bereits Ende der 1980er (Brundtland-Bericht, 1987), Anfang der 1990er Jahre (Rio-Konferenz, 1992) firmierte der Begriff der Nachhaltigkeit als Leitbegriff für eine soziale, ökologische und zukunftsfähige Entwicklung. Ihren überstaatlichen, verbindlichen Höhepunkt fanden diese Überlegungen im Jahr 2015 – in der Verabschiedung der Agenda

2030 und mit ihr der Sustainable Development Goals (SDGs) und der Millennium Development Goals (MDGs). Den hier formulierten Zielen liegt die Überzeugung zugrunde, dass diese nur zusammen, als gemeinsame und internationale Anstrengung der gesamten Menschheitsfamilie zu erreichen sind. Zu den 17 Zielen, die bis zum Jahr 2030 umgesetzt werden sollen, gehören: Keine Armut, keine Hungersnot, gute Gesundheitsversorgung, hochwertige Bildung, Gleichberechtigung der Geschlechter, sauberes Wasser und sanitäre Einrichtungen, erneuerbare Energie, gute Arbeitsplätze und wirtschaftliches Wachstum, Innovation und Infrastruktur, reduzierte Ungleichheiten, nachhaltige Städte und Gemeinden, verantwortungsvoller Konsum, Maßnahmen zum Klimaschutz, zum Schutz des Lebens unter dem Wasser sowie zum Schutz des Lebens an Land, Frieden und Gerechtigkeit, Partnerschaften, um die Ziele zu erreichen.[101]

Die 17 Ziele ließen sich natürlich um weitere ergänzen. Doch bereits bei diesen 17 benannten Punkten denken die meisten wohl, dass das doch Selbstverständlichkeiten sind. Dass doch schon etwas schiefgelaufen ist, wenn die Teilnehmenden des Weltgipfels der Vereinten Nationen in New York beschließen müssen, dass »sauberes Wasser und sanitäre Einrichtungen« für alle Menschen von nun an zu den 17 im Fokus stehenden Zielen ihres politischen Handelns stehen sollen. Aber gerade am Beispiel »sauberes Wasser« wird deutlich, wie ungerecht natürliche Ressourcen verteilt sind – und wie wenig wir das hierzulande wahrnehmen. Manche denken womöglich noch immer, dass dies schon so seine Richtigkeit habe. Einige meinen, sie hätten ein größeres Recht oder einen Vorrang im Zugriff auf natürliche Ressourcen. Dieses Denken ist Ergebnis der Ideologie, dass der Menschheit (oder einem Teil von ihr) Wasser »gehöre«. Diese Vorstellung widerspricht ganz grundsätzlich dem Gedanken, dass wir in unserer irdischen Existenz nur Gäste sind.

Dieser Planet gehört niemandem

Nicht nur, aber vor allem unserem Glauben ist es immanent zu wissen, dass wir uns weder selbst gehören noch irgendein Geschöpf oder gar dieser Planet unseren Besitz darstellt. Wir sind zu Gast auf dieser Erde. Es wurde uns aufgegeben, den Garten Eden zu »bearbeiten und zu beaufsichtigen« (Gen 2,15). Diese Erde, die G*tt für uns bereitet und lebensfreundlich gestaltet hatte, sie hat uns gastfreundlich aufgenommen. Wie dankbare Gäste behandeln wir sie allerdings ganz und gar nicht. Es ist ein zentraler Inhalt des christlichen Glaubens, dass alles, was ist, sich nicht selbst verdankt, sondern aufgrund der überbordenden Liebe und Gnade einer Schöpferg*ttheit ins Dasein gerufen und am Dasein erhalten wird. Papst Franziskus spricht in *Laudato sí* 159 davon, unseren Planeten in der Logik des »freien Geschenks [zu verstehen, J. E.], das wir empfangen und weitergeben. […] Die Bischöfe Portugals haben dazu aufgefordert, diese Pflicht der Gerechtigkeit zu übernehmen: ›Die Umwelt ist in der Logik des Empfangens angesiedelt. Sie ist eine Leihgabe, die jede Generation empfängt und an die nächste Generation weitergeben muss.‹«

Weil nicht wir es sind, die uns oder gar unsere Mitwelt alleine hervorgebracht haben, sind wir – in der Sprache des Glaubens gesprochen – stets besitzlos.

In der Schöpfungserzählung heißt es bildlich gesprochen, die Menschen seien Erdlinge, aus Humus geschaffen. Für alles andere, Lebensnotwendige, die essbaren Sträucher, das fließende Wasser, den fruchtbaren Boden, hatte G*tt bereits gesorgt. Wäre dies allein nicht schon Grund genug für eine Haltung der Humilitas, der Demut? Den eigenen Blick zu weiten und sich für diejenigen einzusetzen, die nicht dieselben Privilegien genießen wie wir, und dabei zu verstehen, dass auch das, was uns zugutekommt, eine Haltung des Verdankt-Seins verlangt? Im Exerzitienbuch des Ignatius von Loyola von 1548 besteht eine Übung darin, »zu schauen, wie Gott in den Geschöpfen wohnt« und »zu erwägen, wie Gott sich in allen geschaffenen Dingen auf dem Angesicht der Erde für mich müht und arbeitet, das heißt sich in der Weise eines Arbeitenden verhält, wie in den Himmeln, Elementen, Pflanzen, Früchten, Herden usw., indem er Sein gibt, erhält, belebt und wahrnehmen macht«.[102] G*tt verhält sich »in der Weise eines Arbeitenden«, G*tt schafft etwas für uns, weil niemand von uns das, was er oder sie zum Leben braucht, aus eigenem Verdienst aufbringen kann. Die Mühe G*ttes zu achten, das ist die spirituelle Haltung, die Ignatius erreichen möchte.

Was keinem gehört – gehört allen: Das *Prinzip des Gemeinwohls*

Die Überzeugung, dass beispielsweise die natürlichen Ressourcen niemandem gehören, Wasser, Land, Luft für alle da sind, allen zum Leben gereichen und dienen sollen, prägte in der christlichen Soziallehre das *Prinzip des Gemeinwohls*. Für das Lebenselixier »Wasser« gesprochen bedeutet dies:

Weil es niemandem gehört, darf das Wasser dieser Erde nicht einzelnen vorbehalten werden. Alle müssen deshalb Zugang zu sauberem Trinkwasser haben. Obgleich dieser Gedanke vielen unmittelbar plausibel erscheinen möge, so zeigt uns die Geschichte und Gegenwart, dass es so einfach nicht ist. Wasserknappheit ist eine der drängendsten Herausforderungen unserer Zeit.[103]

Was ihr den Geringsten tut (Mt 25,40): *Option für die Armen*

Neben dem *Prinzip des Gemeinwohls* ist ein weiterer Gedanke der christlichen Soziallehre für die Frage nach globaler Gerechtigkeit und Nachhaltigkeit bedeutsam: Die sogenannte *Option für die Armen.* In den 1960er Jahren von der in Lateinamerika entstandenen *Theologie der Befreiung* entwickelt und eingebracht, formuliert dieses Prinzip eine entschiedene Parteinahme für die Armen und Ärmsten dieser Welt. Die *Option für die Armen* beruht auf unterschiedlichen biblischen Aussagen: So heißt es in Ex 22,21–22: »Witwen und Waisen dürft ihr nicht ausbeuten. Wenn du sie schlecht behandelst, dann werden sie mich anrufen und ich erhöre ganz gewiss ihr Klagegeschrei.« Und in Dtn 24,17–19 steht geschrieben: »Das Recht von Fremden und Waisen darfst du nicht beugen. Das Kleid einer Witwe darfst du nicht verpfänden. Denke daran, dass du in Ägypten versklavt warst und Adonaj, G*tt für dich, dich von dort freigekauft hat. Darum gebiete ich dir, dass du dich nach dieser Anordnung richtest. Wenn du auf deinem Feld die Ernte einholst und dabei etwas von den Ähren liegen lässt, dann darfst du nicht umkehren und sie auflesen. Sie sind für Fremde, Waisen und Witwen bestimmt. Dann wird Adonaj, deine G*ttheit, dich und die Arbeit deiner Hände segnen.«

Die Sorgen um die Benachteiligten gilt also als religiöse Pflicht. Begründet wird sie damit, dass auch jenen, die satt und gekleidet, umsorgt und gesund sind, dies nicht allein aus eigenem Verdienst so geht, sondern aufgrund der erlösenden und freisetzenden Liebe G*ttes.

Vielfach wird im Alten sowie im Neuen Testament (hier hauptsächlich in den Briefen an Timotheus) auf die Situation der Witwen und Waisen eingegangen. Sinnbildlich stehen sie für die gesellschaftlich Benachteiligten und Unterdrückten. Eine soziale und rechtliche Absicherung sonst als chancenlos geltender Witwen und Waisen wurde bereits im Alten Orient eingefordert. Die Notlage dieser Personen auszunutzen galt als Verstoß gegen das g*ttliche Gebot der Nächstenliebe. Auch an dieser Stelle (so die alttestamentlichen Zeugnisse) galt die Metapher des guten Hirten, der für seine ganze Herde und auch die Schwächsten in dieser sorgt, als Idealbild für einen guten König dieser Zeit. So auch in Psalm 72,4: »Der König schaffe Recht den Gebeugten im Volk, er befreie die Kinder der Armen, zertrete die, die unterdrücken.«

Auch die Seligpreisungen der Bergpredigt – »Selig sind die Armen, denen sogar das G*ttvertrauen genommen wurde« (Mt 5,3) – dienen als weiteres biblisch-theologisches Fundament für das Prinzip der *Option für die Armen.*

Obgleich die Dokumente *Gaudium et spes 1* und *Lumen gentium 8* des Zweiten Vatikanischen Konzils Solidarität als Wert und Auftrag eines christlichen Miteinanders und des Wirkens der Kirche betonen, so ist hier nur implizit von einer vorrangigen *Option für die Armen* die Rede. Auch bei der Zweiten Generalversammlung des lateinamerikanischen Episkopats in Medellín/Kolumbien (1968) kam der Gedanke zwar zum Tragen, nicht jedoch die Formulierung *Option für die Armen.* Erst bei der dritten Generalversammlung des lateinamerikanischen Episkopats in Puebla/Mexiko (1979) heißt es im Abschlussdokument:

»Die vorrangige Option für die Armen hat als Ziel die Verkündigung Christi, des Erlösers, der sie über ihre Würde aufklären, ihnen in ihren Bemühungen um Befreiung von allen ihren Nöten helfen und sie durch das Erleben der evangelischen Armut zur Gemeinschaft mit dem Vater und den Brüdern führen wird. [...] Diese Option, die durch die ärgerniserregende Realität des wirtschaftlichen Ungleichgewichts in Lateinamerika erfordert wird, muß dazu führen, ein würdiges und brüderliches menschliches Zusammenleben zu begründen und eine gerechte und freie Gesellschaft aufzubauen.«[104]

In der von der Glaubenskongregation am 22. März 1968 veröffentlichten Instruktion *Libertatis conscientia* vom 22. März 1986 heißt es zur *Option für die Armen*:

»Indem die Kirche die Armen liebt, bezeugt sie schließlich die Würde des Menschen; sie erklärt offen, daß er mehr wert ist durch das, was er ist, als durch das, was er hat. [...] Weit davon entfernt, [...] sich nur um einen Teil oder Bereich der Menschen zu sorgen, erschließt die vorrangige Option für die Armen vielmehr die Universalität des Wesens und der Sendung der Kirche; von dieser Option wird niemand ausgeschlossen. Dies ist der Grund, warum die Kirche diese Option nicht durch besondere soziologische oder ideologische Kategorien ausdrücken kann, die diese Zuneigung ja zu einer parteiischen und konfliktträchtigen Auswahl machen würde.«[105]

Da die Armen der Welt größtenteils auch diejenigen sind, die am meisten davon betroffen sind, dass die Welt sich klimawandelt – wodurch sich ihre Armut sogar noch weiter verschärft –, ist das Prinzip der *Option für die Armen* ein zentraler Aspekt ökotheologischer Reflexionen. 2006 erwähnt auch das Dokument der *Kommission für gesellschaftliche und soziale Fragen* und der *Kommission Weltkirche* der Deutschen Bischofskonferenz *Klimawandel: Brennpunkt globaler, intergenerationeller und ökologischer Gerechtigkeit* die *Option für die Armen*. Hier heißt es:

»Die vorrangige Option für die Armen, Schwachen, Benachteiligten und Nichtbeteiligten [...] ist ein Wesenskern des christlichen Glaubens. Deshalb ergreift die Kirche – um der vorenthaltenen oder bedrohten Gerechtigkeit willen – solidarisch Partei für Gottes Schöpfung und für die Opfer des Klimawandels, insbesondere für Arme, Alte, Kranke, Kinder, Ungeborene und die kommenden Generationen [...] und unterstützt deren Belange in den öffentlichen Aushandlungsprozessen. Denn der Klimawandel und seine Folgen bedrohen grundlegende Menschenrechte [...] der jetzt lebenden und kommenden Generationen: das Recht auf Leben, das Recht auf physische und psychische Unversehrtheit sowie auf Gesundheit, das Recht auf Nahrung, auf menschenwürdige (Erwerbs-) Arbeit, auf soziale Sicherheit und Eigentum sowie das Recht auf eine intakte Umwelt. Sollen das Engagement für Menschenrechte und für die Lebenschancen der Armen heute wirksam sein, müssen sie in eine aktive Klima- und Zukunftspolitik eingebunden werden.«[106]

In der Konsequenz dieser Botschaft kann es allerdings nicht nur um Hilfeleistungen und einen entwicklungspolitischen »Support« dieser Menschen und Bevölkerungsgruppen gehen und auch nicht nur um einen finanziellen Ausgleich unseres ökologischen Fußabdrucks. Es geht darum, selbst immer wieder die Mühen eines Perspektivwechsels einzugehen, wissentlich, dass dieser niemals vollständig wird gelingen können. Wir wissen es nicht, wie es ist, die Welt aus den Augen eines anderen wahrzunehmen oder in den Schuhen einer anderen Person zu gehen, aber wir können uns bemühen, uns vorzustellen, wie es wäre, das Leben der Armen führen zu müssen. Und natürlich müssen wir ihnen hierzu begegnen, müssen ihnen zuhören, ihre Stimme sprechen lassen. Letztendlich bedeutet die biblische Zusage »alles, was ihr für eines dieser meiner geringsten Geschwister getan habt, habt ihr für mich getan« (Mt 25,40b) nichts anderes als: G*tt im »geringsten der Geschwister« zu begegnen; in ihnen das Antlitz G*ttes zu sehen. Im besten Fall wird uns dies verändern, unseren Blick für die Ungerechtigkeiten dieser Welt sensibilisieren und einen Einsatz für mehr Gerechtigkeit motivieren.

Gemeinwohl - Option für die Armen

Als Christ*innen dürfen wir einer ungleichen Verteilung von (natürlichen) Ressourcen nicht sprachlos gegenüberstehen. Weil sich der Markt, wie wir sehen können, niemals selbst zugunsten der Armen reguliert – diese unsere Nächsten aber aus christlicher Sicht im Fokus unserer Wahrnehmung stehen sollten –, müssen wir neben unserem eigenen individuellen und gemeinschaftlichen Engagement auch auf Rechtsstaatlichkeit insistieren. Der Markt mag vieles regulieren, für ein gerechtes soziales Miteinander fühlt er sich jedoch nicht zuständig.

Es muss im Interesse der Gemeinschaft und Politik sein, dass möglichst Vielen ein möglichst gutes Leben ermöglicht/gewährt wird. *Gemeinwohl* bedeutet dabei auch, dass die Interessen Einzelner oder kleiner Gruppen genau dort enden, wo das Wohl der Gemeinschaft beginnt. Dies nicht nur einzusehen, sondern auch umzusetzen kann hart und anstrengend sein und es bedeutet mitunter, dass der Einzelne zugunsten der Gemeinschaft zurückstecken muss. Dies wird im Idealfall aber nicht als eigener Nachteil gesehen, weil der Wert einer lebensfähigen Gemeinschaft dem Wert eines privilegierten Einzelnen als vorgeordnet verstanden wird. Wichtig für dieses Konzept ist die Gewissheit, dass es eine Gemeinschaft braucht, um das Gemeinwohl zu sichern bzw. zu stärken. Gerade wenn es um natürliche Ressourcen geht, können diese nur geschont werden, wenn sich eine Gemeinschaft darauf verständigt hat, dass es ihr – im Sinne und zum Wohle aller – Wert ist, es für sie Priorität hat, dass diese erhalten bleiben. Eine einzelne Person, eine einzelne Gemeinde, eine einzelne Stadt, ein einzelnes Land usw. kann die Luft nicht sauber halten, das Trinkwasser nicht für alle sichern. So bezieht der Gemeinwohl-Gedanke sowohl die eigene als auch zukünftige Generationen mit ein.[107] Es geht um eine gerechte und ressourcenschonende Verteilung der natürlichen Güter. Eine solche ist – wenn überhaupt – nur gemeinsam zu realisieren.

Und doch: Beim Einzelnen fängt es an. In dem Sinne geht es nicht darum, jeglichen Privatbesitz zu verteufeln oder den Kommunismus oder Sozialismus zu fordern. Es geht darum zu verstehen, dass auch Privatbesitz immer auf das Wohl der Gemeinschaft hingeordnet sein muss, das heißt: Auch Privateigentum hat eine soziale Bestimmung; im besten Sinne dient es dem Gemeinwohl. Damit dies möglich und größtmögliche Verteilungsgerechtigkeit gegeben ist, sind staatliche Regularien, politische und rechtliche Rahmenbedingungen notwendig, die nicht vom »good will« des Einzelnen abhängen, sondern von jedem und jeder das einfordern, was die Gemeinschaft als gut und richtig festgelegt hat. Damit solche Regeln zustande kommen, müssen diese von einer Gemeinschaft beschlossen werden. Eine einzelne Person vermag es kaum, eine (größere) Gemeinschaft zu einer gerechteren Verteilung anzuhalten.

Auch Papst Franziskus bringt in *Laudato si* die *Prinzipien des Gemeinwohls* mit der *Option für die Armen* zusammen, in Nummer 158:

»In der gegenwärtigen Situation der globalen Gesellschaft, in der es so viel soziale Ungerechtigkeit gibt und immer mehr Menschen ausgeschlossen und ihrer grundlegenden Menschenrechte beraubt werden, verwandelt sich das *Prinzip des Gemeinwohls* als logische und unvermeidliche Konsequenz unmittelbar in einen Appell zur Solidarität und in eine vorrangige Option für die Ärmsten. Diese Option bedeutet, die Konsequenzen aus der gemeinsamen Bestimmung der Güter der Erde zu ziehen, doch – wie ich im Apostolischen Schreiben *Evangelii gaudium* [123] auszuführen versuchte – verlangt sie vor allem, sich die unermessliche Würde des Armen im Licht der tiefsten Glaubensüberzeugungen vor Augen zu führen. Es genügt, die Wirklichkeit anzuschauen, um zu verstehen, dass diese Option heute ein grundlegender ethischer Anspruch für eine effektive Verwirklichung des Gemeinwohls ist.«

There is no planet B: Wenn die Zukunft zur Gegenwart wird

Die Zukunft, für die die Klimaaktivist*innen unserer Zeit streiten – seien es die Engagierten bei »Fridays for Future«, die »Scientists/Parents/Grandparents/Christians/Church for Future« –, darf keine Zukunft sein, sie muss zur Gegenwart werden. Soll es eine Zukunft für unsere und viele andere Spezies auf diesem Planeten Erde geben, müssen wir uns erinnern, dass dieser Planet uns doch einst zur Bewahrung aufgegeben wurde.

Das Argument, dass unsere bisherige kirchliche Verkündigung, unsere Schöpfungstheologie und Anthropologie, d. h. die Lehre vom Menschen, doch längst den richtigen Pfad gewiesen hätte und es nur gelte, diese auch umzusetzen, hilft uns nicht weiter. Die Wirklichkeit legt offen, dass unsere bisherige kirchliche Lehre und Verkündigung, unsere »Theologie der Erde« an ihre Grenzen gekommen sind.

Wenn die Realität die Theorie diskreditiert, muss sich die Theorie ändern, damit sich die Realität wandelt. Der jesuanische Aufruf: »Kehrt zum Leben um und vertraut dem Evangelium« (Mk 1,15b) gilt für uns heute genauso wie für die Gemeinde der Jünger*innen. Immer wieder ist es an der Zeit umzukehren. Warum? Weil wir uns immer wieder in unserem Handeln und Denken täuschen, solange wir noch nicht erlöst sind. »Denn wir wissen, dass die ganze Schöpfung mit uns gemeinsam schreit und mit uns zusammen an der Geburt arbeitet – bis jetzt!« (Röm 8,22); solange das Reich G*ttes zwar angebrochen ist, seiner Vollendung aber noch harrt, so lange treffen wir falsche Entscheidungen, müssen unsere Wege korrigieren, einsehen, dass wir zu sehr auf Risiko gespielt haben, uns verkalkuliert und überschätzt haben. Wir müssen einsehen, dass der Preis für unser Leben zu hoch ist, weil der Preis kein anderer ist als das Leben anderer. Auch in dieser Erlösungsbedürftigkeit sind wir über alle Generationen hinweg und mit der gesamten Schöpfung vereint. In seinem Brief an die Gemeinde in Rom zieht der Apostel Paulus deshalb folgende Konsequenz: Wenn wir verstanden haben, dass wir uns noch immer verfehlen, einander auch Grausames tun, einander zu wenig füreinander sind, dann, so Paulus, bedeutet das, dass wir uns nicht nur an unseren menschlichen Maßstäben orientieren dürfen, denn diese sind eben noch unvollkommen. Das Gute ist: Wir sind nicht ausschließlich an unsere eigenen Maßstäbe gebunden. Als Christ*innen glauben wir daran, dass wir mit der Kraft (G*ttes) beschenkt sind, die uns immer wieder hilft, unsere Selbstzentriertheit zu sprengen, unseren Horizont zugunsten unserer Nächsten zu weiten. Dass die Einbeziehung des Wohls der anderen – durch und in der Kraft des Heiligen Geistes – eine Voraussetzung für Leben und Frieden ist. Das macht Paulus ebenfalls deutlich. Im Brief an die Gemeinde in Rom (Röm 8,4b–9a) formuliert der Apostel:

»Das heißt, dass wir nicht nach menschlich begrenzten Maßstäben leben, sondern uns an der Geistkraft orientieren. Diejenigen, die sich durch die menschliche Begrenztheit bestimmen lassen, bleiben in ihren Vorstellungen begrenzt. Jene aber, die sich an der Geistkraft orientieren, gewinnen Einsicht in das Wirken der Geistkraft. Eine begrenzte Lebensperspektive bedeutet Tod, eine an der Geistkraft ausgerichtete Perspektive Leben und Frieden. Deshalb ist eine begrenzte menschliche Denkweise G*tt gegenüber feindlich, weil sie sich nicht der Tora G*ttes unterstellt und auch gar nicht in der Lage dazu ist. Diejenigen, die in ihren Begrenzungen gefangen sind, haben nicht die Kraft, etwas für G*tt zu tun. Ihr aber seid nicht in menschlichen Grenzen gefangen, sondern lebt in der Geistkraft, so gewiss die Geistkraft G*ttes in euch wohnt.«

Unsere Würde steht auf dem Spiel

Die Frage, wie wir mit unserem Planeten Erde umgehen und wie wir ihn den nachfolgenden Generationen – sowohl den menschlichen als auch den tierlichen – hinterlassen, hängt eng mit der Frage zusammen, welche Menschen wir sein wollen, worin wir unsere Verantwortung sehen und worin Sinn und Ziel unseres Daseins bestehen. Den Wert, den wir diesem, unserem Leben geben, die Sinnhaftigkeit unseres Seins, drückt sich auch in dem Wert aus, den wir diesem Planeten beimessen. Sehen wir unser Leben als würdig, unsere Erde als lebenswert, die Schöpfung als erhaltenswert und das eigene sowie das Leben unserer Kinder und Kindeskinder als wertvoll – als mit Werten gefüllt – an, so wäre die Konsequenz, dieser Einsicht auch Ausdruck und Praxis zu verleihen. Nämlich darin, dass wir so integriert leben, dass das, was wir als lebenswert und wertvoll erachten, auch den nachfolgenden Generationen erhalten bleibt und von ihnen erlebt werden kann.

Die Würde des Menschen resultiert aus theologischer Sicht (auch) aus dem Glauben, als Ebenbild G*ttes geschaffen zu sein. Hierauf bin ich bereits mehrfach eingegangen. Dies bedeutet aber auch, als gestaltendes und nicht vernichtendes, als erhaltendes und nicht ausbeuterisches Individuum durchs Leben zu gehen. »Die Würde des Menschen ist unantastbar« – so unsere Überzeugung. Papst Franziskus' Aussage aus *Laudato si* 160, dass »wir uns bewusst werden [müssen, J. E.], dass unsere eigene Würde auf dem Spiel steht«, zeigt, wie sehr die aktuelle Klimakrise an den Grundfesten unseres Menschseins rüttelt. Ob wir den nachfolgenden Generationen »einen bewohnbaren Planeten« hinterlassen, entscheidet über unsere eigene Würde, bzw. entscheidet darüber, ob wir die uns eigene und unantastbare Würde eines jeden Einzelnen leben und achten oder sie bis zur Straffälligkeit mit Füßen treten.

Es mag pathetisch klingen, aber ich halte nichts für so dringend wie die Aufgabe, ein neues Bewusstsein für unsere inner- und intergenerationellen sowie planetarischen Verwobenheiten zu wecken und zu schärfen und einen neuen Weg einzuschlagen. Der christliche Glaube lebt aus dem Bewusstsein und der tiefen Überzeugung, dass die gesamte Schöpfung ihren gemeinsamen Ursprung in G*tt hat. Aus diesem gemeinsamen Ursprung wächst eine gemeinsame Solidarität, eine Solidarität füreinander. Wir, die wir aktuell diesen Planeten bewohnen, teilen nicht nur unsere Gegenwart. Wir sind auch für eine geteilte Zukunft verantwortlich.[108]

G*tt hat einen Bund mit uns geschlossen – was heißt es, die Bundestreue zu halten?

»Was nun mich betrifft, sieh her, ich bin dabei, eine Bundesverpflichtung euch gegenüber einzugehen und gegenüber euren Nachkommen nach euch, sowie gegenüber allen Lebewesen, die bei euch sind, gegenüber Vögeln und Vieh und allen Tieren, die mit euch auf der Erde sind, gegenüber allen, die aus dem Kasten gegangen sind, gegenüber allem Leben auf der Erde.« (Gen 9,9–10) Diese Bibelstelle beschreibt den Bund G*ttes mit der gesamten Schöpfung.

Die biblische Botschaft lautet: G*tt hat sich so weit auf G*ttes Schöpfung eingelassen, dass G*tt dem Bund, der mit uns geschlossen wurde, für alle Ewigkeit treu sein wird. »Der Schöpfer verlässt uns nicht, niemals macht er in seinem Plan der Liebe einen Rückzieher, noch reut es ihn, uns erschaffen zu haben«, so Papst Franziskus in *Laudato sí* 13. Wie groß und schier unbegreiflich muss die g*ttliche Liebe sein, wenn selbst unsere Zerstörungswut, unsere Selbstgerechtigkeit und unser rücksichtsloser Umgang mit dem Planeten G*tt nicht an der Bundestreue zweifeln lassen? Wie unbegreiflich groß kann die g*ttliche Liebe sein, wenn G*tt uns die Treue hält, obgleich wir unseren Auftrag des Behütens, Beaufsichtigens, der Nächstenliebe und des Gebotes, nicht zu Tötenden zu werden, doch unzählige Male gebrochen haben und immer wieder aufs Neue – wider besseres Wissen – brechen? Die Sünder*innen so zu lieben, das vermag nur eine g*ttliche Liebe. Eine Liebe, aus der heraus auch wir Sündigen immer wieder die Kraft und Chance finden können, neu anzufangen, uns selbst infrage zu stellen, täglich neu unsere Routinen und Selbstverständlichkeiten zu hinterfragen und am Aufbau des Reiches G*ttes, einer besseren Zukunft, einer gerechten und friedvollen Zukunft mitzuwirken. Diese Liebe gibt uns die Kraft, uns – trotz unzähliger Verfehlungen und Begrenztheiten – täglich neu der Bundestreue und des Versprechens zu vergewissern, das auch wir in der Taufe getätigt und in allen Sakramenten und Glaubenszeugnissen je neu zum

Ausdruck bringen: Dass wir Werkzeuge sein wollen, die am Entstehen eines Friedensreiches mitwirken, dass wir Zeug*innen der Liebe G*ttes sind und die Zeug*innenschaft, die Verkündigung und das Erleben der Liebe eine Solidarität mit den Ärmsten sowie den folgenden Generationen bedeutet.

Streng genommen bleibt uns nichts außer der Hoffnung auf Veränderung und der Gewissheit, hierzu befähigt und berufen zu sein. Und dies ist schon sehr viel. Diese Hoffnung schützt uns vor dem Abgleiten in Depressionen, Fatalismus oder Zynismus. Paulus verkündet uns: »Weil wir hoffen, sind wir gerettet. Was wir sehen, macht keine Hoffnung. Denn wie können wir hoffen angesichts dessen, was wir sehen? Wenn wir auf etwas hoffen, was wir noch nicht sehen können, so hilft uns widerständige Geduld, darauf zu warten.« (Röm 8,24–25) Warten allein bringt uns in Sachen Klimagerechtigkeit allerdings nicht weiter. Widerständige Geduld reicht auch nicht. Vielleicht eher geduldiger Widerstand? Es geht darum, ins Handeln zu kommen, in ein Handeln, das aus Hoffnung motiviert ist und Hoffnung weitergibt, so dass wir womöglich und angesichts der vielen kleinen, guten und wichtigen Schritte, die bereits überall auf der Welt unternommen werden, vielleicht doch sagen können: »Haben wir nicht angesichts dessen, was wir sehen, Anlass zur Hoffnung?«

Was so weitergehen sollte, damit es so nicht weitergeht – über den Klima-Aktivismus und seine Forderungen

Im Anschluss an die durch Greta Thunberg initiierte Bewegung »Fridays for Future« haben sich zahlreiche weitere Gruppierungen zusammengeschlossen, um ihre Forderungen für einen nachhaltigen Umgang mit unserem Planeten zu artikulieren, zu leben und ihre persönlichen Motivationen hierfür deutlich zu machen: So sind es beispielsweise die »Parents« und »Grandparents for Future«[109], die sich dafür einsetzen, dass ihren (Enkel-)Kindern ein belebbarer und lebendiger Planet Erde hinterlassen wird. Die »Scientists for Future«[110] sind darum bemüht, wissenschaftliche Fakten so zur Verfügung zu stellen und aufzubereiten, dass eine möglichst große Menge der Gesamtbevölkerung diese verstehen und daraus eigene Schlüsse ziehen kann. Sie organisieren Informations- und Bildungsveranstaltungen und positionieren sich gegen Falschbehauptungen, wo diese in die Öffentlichkeit getragen werden.

Die meisten Mitglieder von »Scientists for Future« haben auch eine Selbstverpflichtungserklärung unterschrieben, in der sie kundtun und versprechen, dass sie auf Kurzstreckenflüge verzichten (ich habe in Kapitel 2 bereits darüber berichtet).[111] Nur ein Beispiel dafür, wie auch die Wissenschaft selbst über ihren eigenen Ressourcenverbrauch nachdenken muss und ein nachhaltigeres Leben nicht nur als aus wissenschaftlicher Sicht unerlässlich darstellen, sondern hier auch als Vorbild im eigenen Arbeiten, Forschen, Reisen und Reden vorangehen muss.

Auch Christ*innen haben sich als »Christians for Future«

sowie zur Aktionsgruppe »Church for Future«[112] zusammengeschlossen. Auf ihrer Website heißt es: »Als Teil der Fridays-for-Future-Bewegung engagieren sich ›Christians for Future‹ für Klimaschutz, Gerechtigkeit, Frieden und die Bewahrung der Schöpfung«.[113] Auf der Website der »Church for Future« liest man eine Kritik an dem bislang zu wenig entschlossenen Weg der Kirchen: »Als Kirche müssen wir heute bekennen, dass wir – trotz der vielen schon lange vorhandenen Warnzeichen – zu schwach gerufen haben, zu zögerlich für die Einhaltung eines Gleichgewichts eingetreten sind.«[114] Selbstverständlich versammeln sich in den einzelnen Gruppen Menschen, die auch in einer der anderen Gruppen organisiert sein könnten und es mitunter auch sind: Die Wissenschaftlerin ist womöglich ebenso (Groß-)Mutter und vielleicht auch Christin. Die Frage der Auswahl des Engagements ist sicherlich die, welche dieser Eigenschaften – (Groß-)Mutter, Christin, Wissenschaftlerin – am meisten zum klimaaktivistischen Handeln motiviert, in welcher dieser Rollen sie am meisten zum Gesamtanliegen einer lebensfreundlichen Zukunft beigetragen kann. Es bleibt unbenommen, dass einige auch in mehreren Teilgruppen engagiert sind. Allen diesen Gruppen ist gemein, dass sie als Graswurzelbewegung entstanden sind. Mittlerweile sind sie Teil einer sehr gut vernetzen internationalen Bewegung, die auf lokaler Ebene Treffen und Veranstaltungen organisieren und sich Gedanken darüber machen, welchen Beitrag die jeweilige Ortsgruppe für das übergeordnete Ziel eines möglichst umfangreichen Erhalts natürlicher Ressourcen leisten kann.

Die Forderungen der »for Future«-Bewegungen und -Initiativen ähneln sich und sind teils sehr konkret – der Horizont gut die nächsten zehn Jahre (2030 respektive 2035). Weshalb dieser Zeitraum? Eines der Hauptziele politischer Nachhaltigkeitsbemühungen besteht darin, die globale Erderwärmung zu bremsen. Bereits jetzt ist es so, dass bestimmte Veränderungen im Klimasystem nicht mehr rückgängig zu machen sind. Es geht darum, weitere derartige »Kipppunkte« künftig so weit wie möglich zu vermeiden. So haben auch die Mitgliedsstaaten des *Übereinkommens von Paris* für sich festgelegt, welche individuellen Beiträge zum Klimaschutz, die sogenannten »National Determined Contributions (NDCs)«, bis 2030 erfüllt sein sollen. Das *Übereinkommen von Paris* wurde im Rahmen der UN-Klimakonferenz (COP 21, 2015) geschlossen, welches als Hauptziel die Begrenzung der Erderwärmung auf unter 2 Grad Celsius im Vergleich zur vorindustriellen Zeit beschloss.[115] Nun verlautbarte der Heilige Stuhl ebenfalls seinen Beitritt zur UN-Klimarahmenkonvention.[116]

Darüber hinaus fordern »Christians for Future« beispielsweise ein »›Nettonull‹ an Treibhausgasemissionen bis zum Jahr 2035«, einen »Ausstieg aus der Verstromung von Kohle bis zum Jahr 2030«[117] sowie eine Umstellung der kompletten Energieversorgung auf erneuerbare Energiequellen bis 2035. Weiterhin »Ende der Subventionen für fossile Energieträger, die Abschaltung von 25 % der Kohlekraftwerke noch im Jahr 2019 sowie eine Steuer auf alle Treibhausgasemissionen. Der Preis für den Ausstoß von Treibhausgasen muss schnell so hoch werden wie es die Kosten sind, die durch diese Treibhausgasemissionen uns und zukünftigen Generationen entstehen. Laut Umweltbundesamt sind das 180 Euro pro Tonne CO2.«[118]

Diese genannten Forderungen der »Christians for Future« unterscheiden sich nicht oder nur marginal von jenen säkularer »for Future«-Gruppen. Worin besteht das Spezifikum der »Christians for Future«? »Christians for Future« fragen darüber hinaus nach dem Beitrag, den die christlichen Kirchen und Gemeinden auf lokaler Ebene jeweils leisten können, um die umweltpolitischen Großziele zu erreichen. So fordern sie in Deutschland beispielsweise, dass sich die Landeskirchen und (Erz-)Bistümer bis 2030 das Ziel setzen, Klimaneutralität zu erreichen. Klimaneutral zu sein bedeutet, durch die eigenen Handlungen das Klima nicht zu beeinflussen bzw. die Kohlenstoffemissionen im Gleichgewicht zu der Aufnahme von Kohlenstoff aus der Atmosphäre zu halten. Klimaneutralität soll damit zum Investitionskriterium werden. Klimapositiv – das heißt mehr Treibhausgase aus der Atmosphäre zu entnehmen als freizusetzen – sollen die forstwirtschaftlichen Flächen sein, die im Besitz der Landeskirchen und (Erz-) Bistümer stehen – und dies bis 2035. Weiterhin sollen alle Flächen nach Ökolandbau-Kriterien bewirtschaftet werden.

Was die »Scientists for Future« in ihrem Selbstverständnis formuliert haben, fordern die »Christians for Future« von den Kirchenleitungen: Einen Beitrag zur öffentlichen Bildungsarbeit zu leisten – und zwar aus ihrer theologischen Expertise heraus. Die Bewahrung der Schöpfung soll Priorität im kirchlichen und pastoralen Handeln sowie in der Ausbildung erlangen. Mittels Fort- und Weiterbildungen für alle Hauptamtlichen soll das Thema Klimakrise auf den Plan kirchlicher Bildungsarbeit gesetzt werden. Darüber hinaus soll die Verantwortung für die Bewahrung der Schöpfung auch im Rahmen von Liturgie, Verkündigung und Spiritualität Christ*innen nahegebracht werden. Kirchenleitungen werden aufgerufen, ihre Verantwortung darin zu sehen, die Menschen, für die sie (mit)verantwortlich sind, verstehen zu lehren, dass die Bewahrung der Schöpfung eine christliche Pflicht ist, da Nächstenliebe die Schöpfung mit einbezieht.[119] »Christians for Future« fordern Verantwortliche in den christlichen Kirchen auf, Seelsorge-Angebote für all jene zu entwickeln, zu deren Sorge, Trauer und Angst auch eine »Öko-/Klima-Angst« (engl. »Eco Anxiety«) gehört, das heißt eine Angst, durch zunehmende ökologische Katastrophen und Klimakrisen die eigene Existenz sowie die ihrer Liebsten bedroht zu wissen– um nur einige der Forderungen zu nennen.[120]

Wir wussten es besser

Den Zeithorizont 2030 habe ich bereits im Zusammenhang der Agenda 2030 aufgegriffen. Dabei wird formuliert, dass es einer »Transformation unserer Welt« (vgl. Titel der Agenda 2030) bedarf, damit diese Ziele erreicht werden können. Diese Welt muss verwandelt werden, will sie Frieden eine Chance geben. Die zunehmende Verknappung an Ressourcen zieht Verteilungskämpfe nach sich und gefährdet damit selbst jene Regionen der Erde, die bislang als stabil und friedlich gelten. Der rote Faden dieser Agenda ist die Überzeugung, dass es keinen Teilfrieden gibt. Dass ökonomische, ökologische und soziale Themen Hand in Hand gehen, es keine ökonomische Gerechtigkeit gibt, die nicht auch eine ökologische und soziale ist. Ungerechtigkeiten und Ungleichheiten müssen überwunden werden, und die volle Umsetzung der Menschenrechte muss mit aller Kraft eingefordert werden. Armutsreduzierung, der Ausbau erneuerbarer Energien und der Erhalt von Biodiversität sind also nicht drei verschiedene Paar Schuhe, sondern ein Dreischritt auf dem Weg zum gemeinsamen Ziel, Bestandteile oder auch Katalysatoren und Verstärker eines gemeinsamen Anliegens.

Selbstverständlich gibt es umfangreiche Abhandlungen und Interpretationen, was genau unter welchem der in diesem Kapitel erwähnten »Klimaziele« zu verstehen ist und was dies jeweils bedeuten könnte. Da es sich bei den meisten »Klimazielen« um solche handelt, die für die Weltgemeinschaft formuliert sind, ist verständlich, dass die einzelnen Ziele sehr allgemein gehalten sind. Das ist Chance und Risiko zugleich. Die Chance und Aufgabe besteht darin, dass jeder Kontinent, jedes Land, jede Gemeinde sich darüber verständigt und darauf einigt, welcher Beitrag geleistet werden kann, um dem Gesamtziel näherzukommen. Die massive Verteilungsungerechtigkeit zeigt ja gerade, dass von unterschiedlichen Akteur*innen Unterschiedliches erwartet werden kann. Das Risiko besteht darin, dass gerade jene Gruppen, die bislang (noch) Nutznießerinnen der bestehenden Verhältnisse sind, einen geringeren Handlungs- und Transformationsdruck verspüren.

Und genau dieser Aspekt hat sich für viele Menschen, Tiere, Pflanzen, Böden etc. als verhängnisvoll erwiesen. Fakt ist: Wir müssten nicht dort sein, wo wir heute sind. Die Klimakatastrophe war längst prophezeit. Wir wussten, dass wir unsere Konsummuster ändern, unseren Ressourcenverbrauch schmälern, unsere Arbeitsverhältnisse und Handlungsketten verändern müssen, um einen Beitrag zu einem gerechteren Miteinander zu leisten. Doch solange wir es waren und sind, die von jenen Verhältnissen profitier(t)en, solange sehen wir keinen Handlungsdruck. Zumindest für unsere Wohlstandsgesellschaften ist es erstaunlich, wie sehr wir die Realität verdrängen können und wie widerständig wir doch gegenüber längst gesicherten wissenschaftlichen Erkenntnissen sind.

In vielen Bereichen wird den Kirchen, gerade der katholischen Kirche, eine Rückständigkeit nachgesagt – und dies zu Recht! Sie wird kritisiert für ihre mangelnde Offenheit, sich auf drängende Fragen einzulassen, den Zeitgeist anzuerkennen. Viel zu oft verspielt sie so ihre Chance, eine relevante Stimme in der heutigen Zeit zu sein. Was das Thema Schöpfungsbewahrung angeht, muss die Theologie – in Bezug auf ihre eigenen Lehren – sich gerade bei der Frage des menschlichen Umgangs mit der nichtmenschlichen Mitwelt einiges an berechtigter Kritik gefallen lassen – so auch in diesem Buch. Doch gerade hinsichtlich des öffentlichen Eintretens für einen veränderten Umgang miteinander und mit unserem Planeten haben Christ*innen und die Kirchen in der zweiten Hälfte des 20. Jahrhunderts bis hin zur Jahrtausendwende mitunter auch eine Vorreiter*innen- und Vordenker*innenrolle übernommen. Beispielsweise im Rahmen der zu Beginn dieses Kapitels erwähnten »konziliaren Prozesse«, oder auch durch das »Eine-Welt-Engagement« vieler Kirchengemeinden, häufig im Zusammenhang mit Partnerschaften mit Gemeinden im Globalen Süden. Auch Bistums-Umwelttage, Gebetsfeiern für den Erhalt der Schöpfung oder auch das enorme Engagement kirchlicher Hilfswerke (wie das Bischöfliche Hilfswerk *Misereor* oder das Internationale Katholische Missionswerk *missio*) in Sachen nachhaltiger Bildung verdienten ein eigenes Kapitel. Hier darf die Institution Kirche (bei aller berechtigter Kritik in anderen Zusammenhängen) nicht müde werden, den Weg weiterzugehen, die Welt als eine große Gemeinschaft zu begreifen.

Von der Einsicht zur Veränderung

Das Feststecken von »Klimazielen« und die Anerkennung der positiven Schritte, die schon in diese Richtung unternommen wurden, ist eine Sache. Eine andere Sache ist die, dass trotz der Anstrengungen und Veränderungsbereitschaft Vieler unsere Transformation nicht schnell genug geht. Die Klima-Transformation und das Artensterben warten nicht darauf, bis wir so weit sind, eine eigene Transformation zu vollziehen. Wissenschaftler*innen zeigen uns eindrücklich auf, dass wir zwangsläufig einer Transformation unseres Lebensstils und Mindsets unterzogen werden, wenn wir weiterhin eine solche Trägheit an den Tag legen und auf unserem Komfort beharren. Menschen aus anderen Regionen dieser Welt, gerade an Küsten lebende, diejenigen, die bereits am meisten unter dem menschengemachten Anstieg des Meeresspiegels leiden, aber die wenigsten Ressourcen zur Bewältigung ihrer Situation haben, sollten uns doch längst Anlass genug sein, etwas zu verändern. Kleine Schritte sind dabei gut und wichtig, aber bei kleinen Schritten darf es nicht bleiben.

Die Nächsten lieben *wie* uns selbst

Voraussetzung für eine konsequente und entschiedene Umsetzung der SGDs ist unser Überzeugtsein, dass uns das Wohl der anderen etwas angeht, mehr noch, dass das Wohl der anderen Teil unseres eigenen Interesses sein muss. Die biblische Botschaft, den Nächsten zu lieben *wie* uns selbst, bedeutet umgekehrt: Wir müssen aufhören, uns selbst mehr zu lieben als unseren Nächsten.

Als zweites Prinzip universeller Werte formuliert die Agenda 2030 das Versprechen, niemanden zurückzulassen: »Leave no one behind« (LNOB).[121]

Ungerechtigkeit, Exklusion und Diskriminierung sollen überwunden werden. Die Einheit der Menschheitsfamilie (»humanity as a whole«) muss stets mitbedacht werden. Es geht nicht darum, die Potenziale Einzelner kleinzureden oder zu vernachlässigen, sondern es geht darum zu sagen, dass wir so lange nicht am Ziel größtmöglichen Friedens, größtmöglicher Gerechtigkeit und Sicherheit, größtmöglicher Ressourcenschonung angekommen sind, solange Einzelne dabei übergangen werden, ausgeschlossen sind oder aus unserem Blickfeld geraten bzw. aus diesem verdrängt werden. Es kommt also auf das Wohl jedes Einzelnen an und auf jenes der Gemeinschaft.

Christ*innen dürfte die LNOB-Forderung aus dem Gleichnis des verlorenen Schafes (Lk 15, 4–7) vertraut sein. Im Lukasevangelium heißt es:

»Gibt es jemanden unter euch, der 100 Schafe hat, und wenn er eines von ihnen verliert, nicht die 99 in der Wildnis zurücklässt, um dem Verlorenen nachzugehen, bis er es findet? Und wenn er es gefunden hat, so setzt er es voll Freude auf seine Schultern. Zu Hause ruft er seine Freunde und die Nachbarschaft zusammen und sagt ihnen: ›Freut euch mit mir: Ich habe mein Schaf gefunden, das verloren war!‹ Ich sage euch: Vergleicht! Wird im Himmel Freude sein über einen Sünder, der umkehrt, oder über 99 Gerechte, die eine Umkehr nicht nötig haben?«

Obgleich es hier um eine Umkehr eines als sündig Beschriebenen geht, bleibt die Grundaussage die, dass es auf jede*n Einzelne*n ankommt. Die Rettung eines jeden Lebens ist es wert, dass die Gemeinschaft zurücksteckt, bis die Rettung erfolgreich war. Das Gleichnis lässt sich also zum einen so interpretieren, dass es G*tt auf jedes Lebewesen ankommt. Zum anderen drängt sich mir eine zweite Lesart auf – gerade aus heutiger Sicht und vor den Ausführungen dieses Buches: Wir alle wissen, dass niemand unter uns ist, der oder die ohne Sünde ist. Was wäre, wenn wir selbst das verlorene Schaf sind und die 99 symbolisch für die Rettung der Welt stünden? Was, wenn genau wir es sind, die die Freude im Himmel zu verhindern wissen? Wenn wir die rettenden 99 warten ließen, aller Verkündigung, aller Prophetie, allem besseren Wissen und allen wissenschaftlichen Erkenntnissen zum Trotz? Was wäre, wenn in einer sündigen Welt, in einer fragilen und fehlbaren Welt nur G*tt gerecht wäre und sich unermüdlich auf die Suche nach uns Suchenden und Irrenden begibt? Was dann?

Dann würde zu einer echten Umkehr auch das Ablegen unserer Selbstgerechtigkeit gehören. Oder zumindest der Dialog darüber, was es heißen könnte, im Himmel Freude anzustiften. Wir werden auf Erden niemals in den Status der Gerechten gelangen können, aber wer, wenn nicht wir, können die Hoffnung auf größtmögliche Gerechtigkeit aufrechterhalten? Wer, wenn nicht wir Christ*innen, deren G*ttesbild bereits die Grenzen unseres eigenen Verstandes, unserer Territorien und unserer Zeit sprengt, sollte den Anspruch haben, eine Vision für ein faires Miteinander zu entwickeln?

In *Laudato sí* 14, spricht Papst Franziskus folgende Einladung aus:

»Ich lade dringlich zu einem neuen Dialog ein über die Art und Weise, wie wir die Zukunft unseres Planeten gestalten. Wir brauchen ein Gespräch, das uns alle zusammenführt, denn die Herausforderung der Umweltsituation, die wir erleben, und ihre menschlichen Wurzeln interessieren und betreffen uns alle. Die weltweite ökologische Bewegung hat bereits einen langen und ereignisreichen Weg zurückgelegt und zahlreiche Bürgerverbände hervorgebracht, die der Sensibilisierung dienen. Leider pflegen viele Anstrengungen, konkrete Lösungen für die Umweltkrise zu suchen, vergeblich zu sein, nicht allein wegen der Ablehnung der Machthaber, sondern auch wegen der Interesselosigkeit der anderen. Die Haltungen, welche – selbst unter den Gläubigen – die Lösungswege blockieren, reichen von der Leugnung des Problems bis zur Gleichgültigkeit, zur bequemen Resignation oder zum blinden Vertrauen auf die technischen Lösungen. Wir brauchen eine neue universale Solidarität. Wie die Bischöfe Südafrikas sagten, ›bedarf es der Talente und des Engagements *aller*, um den durch den menschlichen Missbrauch der Schöpfung Gottes angerichteten Schaden wieder gutzumachen‹. Alle können wir als Werkzeuge Gottes an der Bewahrung der Schöpfung mitarbeiten, ein jeder von seiner Kultur, seiner Erfahrung, seinen Initiativen und seinen Fähigkeiten aus.«[122]

Es hätte keine Einladung des Papstes gebraucht, um einen solchen Dialog zu führen. Ein Dialog ist auch viel zu wenig, nur ein Anfang. Gerade eine nähere Beschäftigung mit der Schöpfung, wie sie dieses Buch mit seinen miteinander in Beziehung stehenden Kapiteln vorlegt, macht deutlich: Hier lässt sich nichts isoliert voneinander diskutieren, alles ist miteinander vernetzt. Der Mensch ist Teil dieses fein verwobenen, g*ttlichen Flechtwerks und steht deshalb in einer besonderen Verantwortung, die Verbindungen zu all dem, was existiert, zu pflegen. So ist es letztendlich doch meine Hoffnung, mit diesem Werk der Einladung zum Dialog gefolgt zu sein und diese weitergegeben zu haben – an die Partner*innen meines inneren und äußeren Dialogs: An die Christ*innen auf dieser Erde, an die Leser*innen dieses Buches – an Sie.

Dank

Sollte ich sagen, wer mich zu den Gedanken dieses Buches inspiriert hat, so würde ich in erster Linie jene Lehrer*innen meines Lebens nennen, deren Haut mit Fell oder Federn bedeckt ist und die auf Hufen, Pfoten oder Krallen durchs Leben gehen. Es sind die tierlichen Begleiter*innen, die meinem Denken so oft wohltuend und widerständig ins Wort fallen und durch die mir – so meine feste Überzeugung – die Liebe G*ttes immer wieder und stets aufs Neue begegnet.

Vielfach und auf vielfältige Weise habe ich während des Konzeptions- und Schreibprozesses Unterstützung erfahren. Viele Namen wären an dieser Stelle zu nennen. Zwei möchte ich besonders hervorheben: Ich danke meiner studentischen Hilfskraft Julia Borlinghaus. Sie war die Erstleserin des Textes und hat durch ihre stets konstruktiven Rückmeldungen zum besseren Verständnis beigetragen. In Luise Ritter ist mir nicht nur eine verständnisvolle, wertschätzende und professionelle Lektorin begegnet, die den Entstehungsprozess des Buches mit ihrer beeindruckenden Expertise begleitet hat, sondern auch eine Person, deren Menschlichkeit und Zugewandtheit die Zusammenarbeit jederzeit zur großen Freude gemacht hat. Herzlichen Dank dafür!

Meinen Mitarbeiter*innen am Lehrstuhl sowie den Kolleg*innen im *European Research Network Transcending*

Species – Transforming Religion danke ich für den Resonanzraum, den wir gemeinsam schaffen und in dem theologisches Denken so inspirierend, frei und fruchtbar ist.

Anmerkungen

Eingangsgedicht aus: Kurt Marti: Mein barfüßig Lob, Darmstadt 1988, 46.

1 Bis vor wenigen Jahren kannte ich keine Lebenshöfe, sondern nur Bauernhöfe. Denke ich allerdings an den Frieden der Tiere in meiner kindlichen Fantasie, dann kann es sich nur um Lebenshöfe gehandelt haben. Ihnen war ein produktionsfreies Leben vergönnt, meine Fantasie war frei von Kapitalismus und Ausbeutung.

2 Ich schreibe »G*tt«, und zwar aus folgenden Gründen: Zum einen ist diese Schreibweise (häufig auch als »G'tt«) im Sinne der jüdischen Tradition mittlerweile Usus, da aus Respekt der G*ttesname hier nicht ausgesprochen wird, zum anderen um deutlich zu machen, dass G*tt kein Geschlecht hat.

3 Vgl. Dirk Ansorge / Medard Kehl: Und Gott sah, dass es gut war. Eine Theologie der Schöpfung, Freiburg i. Brsg., [3]2018, 148.

4 Für diesen Hinweis danke ich meiner Kollegin Prof. Dr. Maria Häusl herzlich.

5 So z. B. Jan Christian Gertz: Das erste Buch Mose (Genesis). Die Urgeschichte Gen 1–11, Göttingen [2]2021, 1–27.

6 So z. B. Andreas Schüle: Prolog der hebräischen Bibel: Der literar- und theologiegeschichtliche Diskurs der Urgeschichte (Gen 1–11), Zürich [2]2020, 11–20.

7 Vgl. Norbert Lohfink: Die Priesterschrift und die Geschichte, in: Ders.: Studien zum Pentateuch, Stuttgart 1988, 213–235. – Vgl. Dirk Ansorge / Medard Kehl: Und Gott sah, dass es gut war. Eine Theologie der Schöpfung, Freiburg i. Brsg., [3]2018, 135–137.

8 Vgl. Wolfgang Oschmann: Evolution der Erde. Geschichte des Lebens und der Erde, Berlin [2]2018, Kap. 3, 6, 16.

9 Vgl. Andrea Wengel: Ursprung des Menschen, online verfügbar unter: https://www.planet-wissen.de/geschichte/urzeit/afrika_wiege_der_menschheit/index.html (abgerufen am 14.02.2022).

10 Alle zitierten Bibelstellen entsprechend der Übersetzung der »Bibel in gerechter Sprache«.

11 Catherine Keller: Creatio ex profundis. Chaostheorie und Schöpfungslehre, in: Evangelische Theologie 69/5 (2009), 356–366, hier 361. – Catherine Keller: Über das Geheimnis. Gott erkennen im Werden der Welt, Freiburg i. Br. 2012, 96–97.

12 Gunda Werner: Gottes Liebe gilt nicht nur uns Menschen. Warum wir eine neue christliche Anthropologie und Schöpfungslehre brauchen, in: HerKorr Spezial: Verlorenes Paradies? Wie viel Religion die Rettung der Schöpfung braucht (2020), 15–17, hier 16.

13 Vgl. Markus Mühling: Menschen und Tiere – geschaffen im Bild Gottes, in: Ulrich Beuttler / Hansjörg Hemminger / Markus Mühling / Martin Rothgangel (Hrsg.): Geschaffen nach ihrer Art. Was unterscheidet Tiere und Menschen? (JKHG 30), Frankfurt/M. u. a. 2017, 129–143. – Vgl. Julia Enxing: Grenzgänge. Theologie angesichts der Unverfügbarkeit Gottes, in: Laura-Christin Krannich / Hanna Reichel / Dirk Evers (Hrsg.): Menschenbilder und Gottesbilder. Geschlecht in theologischer Reflexion, Leipzig 2019, 164–184.

14 Vgl. Ilse Müllner: So wichtig sind wir nicht. Mitgeschöpflichkeit im Alten Testament, in: HerKorr Spezial: Verlorenes Paradies? Wie viel Religion die Rettung der Schöpfung braucht (2020), 9–11.

15 Celia Deane-Drummond: Theological Ethics Through a Multispecies Lens. The Evolution of Wisdom, Vol. I, Oxford 2019, 134 u. ö. – Vgl. Julia Enxing: Schöpfungstheologie im Anthropozän. Gedanken zu einer planetarischen Solidarität und ihrer (theo) politischen Relevanz, in: Martin Lintner (Hrsg.): Mensch – Tier – Gott. Interdisziplinäre Annährungen an eine christliche Tierethik, Baden-Baden 2021, 161–180.

16 Vgl. Julia Enxing: Göttlich-kreatürliche Begegnungen und ihr Potenzial für einen »animal turn« in der Theologie, in: Julia Enxing / Simone Horstmann / Gregor Taxacher (Hrsg.): Animate Theologies. Ein (un-)mögliches Projekt?, Darmstadt 2022, 151–182.

17 Vgl. Ilse Müllner: So wichtig sind wir nicht. Mitgeschöpflichkeit im Alten Testament, in: HerKorr Spezial: Verlorenes Paradies?

Wie viel Religion die Rettung der Schöpfung braucht (2020), 9–11.

18 Weitere in dieser Hinsicht relevante Stellen sind: Spr 8, Jes 44–45 u. a.

19 Vgl. Paul J. Crutzen / Eugene F. Störmer: The »Anthropocene«. Global Change Newsletter (2000) 41, 17–18. – Vgl. Paul J. Crutzen: Das Anthropozän. Schlüsseltexte des Nobelpreisträgers für das neue Zeitalter. Herausgegeben von Michael Müller, München 2019.

20 Vgl. Deutsches Klima Konsortium: Erderwärmung, online unter: https://www.deutsches-klima-konsortium.de/de/klimafaq-2-1.html (abgerufen am 25.02.2022). – Vgl. Bundeszentrale für politische Bildung: Erderwärmung: https://www.bpb.de/kurz-knapp/zahlen-und-fakten/globalisierung/52724/erderwaermung/ (abgerufen am 22.02.2022).

21 https://www.wwf.de/themen-projekte/biodiversitaet/rote-liste-gefaehrdeter-arten (abgerufen am 25. 02. 2022). – Vgl. Elizabeth Kolbert: Das sechste Sterben. Wie der Mensch Naturgeschichte schreibt, Frankfurt a. M. 2016.

22 Vgl. Dennis L. Meadows / Donella H. Meadows u. a.: Die Grenzen des Wachstums. Bericht des Club of Rome zur Lage der Menschheit, Stuttgart 1972. – Vgl. zu einer aktuellen und kritischen Einordnung des Berichts: Marlene Weiss: Mehr, mehr, immer mehr, in: Süddeutsche Zeitung Nr. 59, 12./13.03.2022, 33.

23 https://www.overshootday.org/ (abgerufen am 23.02.2022). – Vgl. Neue Züricher Zeitung: Ab heute verbrauchen wir schon die Ressourcen des nächsten Jahres: Was Sie zum Earth Overshoot Day wissen müssen, 29.07.2019, online unter: https://www.nzz.ch/wissenschaft/world-overshoot-day-die-ressourcen-dieses-jahres-sind-verbraucht-ld.1497930 (abgerufen am 23.02.2022).

24 Vgl. Maja Göpel: Unsere Welt neu denken. Eine Einladung, Berlin 2020. – Vgl. Harald Welzer: Alles könnte anders sein: Eine Gesellschaftsutopie für freie Menschen, Frankfurt a. M. [3]2019. – Vgl. Niko Paech: Befreiung vom Überfluss. Auf dem Weg in die Postwachstumsökonomie, München 2012.

25 Pastoralkonstitution Gaudium et spes. Über die Kirche in der Welt von heute, online unter: https://www.vatican.va/archive/hist_councils/ii_vatican_council/documents/vat-ii_const_19651207_gaudium-et-spes_ge.html (abgerufen am 21.02.2022).

26 Papst Paul VI.: Populorum Progressio. Über die Entwicklung der Völker, 1967, online unter: https://www.vatican.va/content/paul-vi/de/encyclicals/documents/hf_p-vi_enc_26031967_populorum.html (abgerufen am 21.02.2022) – Zitat in Nr. 22.

27 Papst Johannes Paul II., »An zukünftige Generationen denken.« Ansprache beim Besuch des UNO-Umweltprogramms (UNEP) in Nairobi am 18.8.1985, Nr. 4 und 2.

28 Vgl. Erzbistum Paderborn. Die reichste Diözese Deutschlands, Frankfurter Allgemeine Zeitung (01.09.2020), online unter: https://www.faz.net/aktuell/politik/inland/erzbistum-paderborn-ist-reichste-dioezese-deutschlands-16932998.html (abgerufen am 21.02.2022).

29 Maja Göpel: Unsere Welt neu denken. Eine Einladung, Berlin [5]2020, 166.

30 Maja Göpel: Unsere Welt neu denken. Eine Einladung, Berlin [5]2020, 166.

31 Papst Franziskus: Apostolisches Schreiben Evangelii Gaudium, 2013, online unter: https://www.vatican.va/content/francesco/de/apost_exhortations/documents/papa-francesco_esortazione-ap_20131124_evangelii-gaudium.html (abgerufen am 21.02.2022).

32 Vgl. Gabriele Dürbeck: Das Anthropozän erzählen: fünf Narrative; in: APuZ 68. Jahrgang, 21–23 (2018), 11–17.

33 Jens Soentgen: Ökologie der Angst, Berlin 2018, 73.

34 Josef Reicholf: Ist die Jagd (un)nötig? – Betrachtungen eines nicht-jagenden Ökologen. Vortrag im Rahmen des 9. Berliner Online-Tierschutzforum, 18.12.2021, online unter: https://www.youtube.com/watch?v=v5bO3ijsM8w (abgerufen am 17.02.2022).

35 Vgl. Jens Soentgen: Ökologie der Angst, Berlin 2018, 52.

36 Maja Göpel: Unsere Welt neu denken. Eine Einladung, Berlin [5]2020, 150–151.

37 Bundesministerium für Ernährung und Landwirtschaft: Studie des Johann Heinrich von Thünen-Institut (TI): Lebensmittelabfälle in Deutschland: Aktuelle Studie über Höhe der Lebensmittelabfälle nach Sektoren, online unter: https://www.bmel.de/DE/themen/ernaehrung/lebensmittelverschwendung/studie-lebensmittelabfaelle-deutschland.html (abgerufen am 25.02.2022).

38 Vgl. Containern ist strafbar, in: Frankfurter Allgemeine Zeitung am 18.08.2020. – Vgl. auch Erfolglose Verfassungsbeschwerde bei einer strafgerichtlichen Verurteilung wegen »Containern«: Pressemitteilung Nr. 75/2020 vom 18. August 2020 https://www.bundesverfassungsgericht.de/SharedDocs/Pressemitteilungen/DE/2020/bvg20-075.html (abgerufen am 25.02.2022).

39 Maja Göpel: Unsere Welt neu denken. Eine Einladung, Berlin [5]2020, 125–126.

40 James H. Cone: Whose Earth Is It, Anyway?; in: Ders.: Risks of Faith. The Emergence of A Black Theology of Liberation 1968–1998, Boston 1999, 138–145. – Vgl. Julia Enxing: Entschieden anders?! Anthropozentrismus-kritische Impulse für eine multispeziessensible Schöpfungstheologie, in: Ökumenische Rundschau 70/3 (2021), 300–317.

41 »Es gibt Formen der Umweltverschmutzung, durch die *die Menschen* täglich geschädigt werden. Den Schadstoffen in der Luft ausgesetzt zu sein, erzeugt ein weites Spektrum von Wirkungen auf die Gesundheit – besonders der Ärmsten – und verursacht Millionen von vorzeitigen Todesfällen. Sie erkranken zum Beispiel durch das Einatmen erhöhter Dosen an Rauch von den Brennstoffen, die sie zum Kochen oder zum Heizen verwenden. Dazu kommt die Verschmutzung, die alle schädigt, aufgrund des Verkehrswesens und durch Industrieabgase, aufgrund von Deponien, in denen Substanzen gelagert werden, die zur Versauerung von Boden und Wasser beitragen, aufgrund von Düngemitteln, Insektiziden, Fungiziden, Herbiziden und Agrotoxiden allgemein. Eine mit dem *Finanzwesen* verknüpfte Technologie, die behauptet, die einzige Lösung der Probleme zu sein, ist in der Tat oft nicht fähig, das Geheimnis der vielfältigen Beziehungen zu sehen, die zwischen den Dingen bestehen, und löst deshalb manchmal ein Problem, indem sie andere schafft.« – Papst Franziskus: Enzyklika Laudato sí. Über die Sorge für das gemeinsame Haus, 24.05.2015, Nr. 20, online unter: https://www.vatican.va/content/francesco/de/encyclicals/documents/papa-francesco_20150524_enciclica-laudato-si.html (abgerufen am 25.02.2022).

42 Vgl. Die Berichte des Intergovernmental Panel on Climate Change (ipcc), online unter: https://www.ipcc.ch/reports/ (abgerufen am 03.01.2022).

43 Vgl. Caspar A. Hallmann / Martin Sorg / Eelke Jongejans u. a.: More than 75 percent decline over 27 years in total flying insect biomass in protected areas, in: PLoS ONE 12/10 (2017). Online unter; https://journals.plos.org/plosone/article/file?id=10.1371/journal.pone.0185809&type=printable (abgerufen am 12.03.2022).

44 Vgl. Elizabeth Kolbert: Das sechste Sterben. Wie der Mensch Naturgeschichte schreibt, Frankfurt a. M. 2016.

45 Vgl. Jens Soentgen: Ökologie der Angst, Berlin 2018, 28, 87.

46 https://www.dorothee-soelle.de/von-dorothee-s%C3 %B6lle/reden-artikel-texte/ (abgerufen am 15.06.2022).

47 Vgl. https://unter1000.scientists4future.org/de/verzicht-auf-dienstlichekurzstreckenfluege-unterschreiben/ (abgerufen am 25.02.2022). – Vgl. https://unter1000.scientists4future.org/de/verzicht-auf-dienstlichekurzstreckenfluege-unterschriftenliste/ (abgerufen am 21.02.2022).

48 Übersetzung J. E. – https://www.greensabbathproject.net/ (abgerufen am 25.02.2022).

49 Papst Franziskus: Enzyklika Laudato sí. Über die Sorge für das gemeinsame Haus, 24.05.2015, online unter: https://www.vatican.va/content/francesco/de/encyclicals/documents/papa-francesco_20150524_enciclica-laudato-si.html (abgerufen am 25.02.2022) – Hervorhebungen J. E.

50 North American Association for Critical Animal Studies: What is Critical Animal Studies: https://www.naacas.net/what-is-cas (abgerufen am 02.11.2021). »If humans killed each other at the rate we kill other animals, we'd be extinct in 17 days.«

51 Fabian Scheidler in der Folge »Getrennt – Mensch und Natur«, bei: https://www1.wdr.de/mediathek/audio/wdr5/wdr5-das-philosophische-radio/audio-getrennt---mensch-und-natur-100.html (abgerufen am 07.04.2022). – Vgl. Fabian Scheidler: Chaos. Das neue Zeitalter der Revolutionen, Wien 2017, 40f. – Vgl. Fabian Scheidler: Der Stoff, aus dem wir sind. Warum wir Natur und Gesellschaft neu denken müssen, München 2021, Kap. 5 u. 6.

52 Vgl. https://www.bukopharma.de/de/ (abgerufen am 10.04.2022).

53 Vgl. Hilflose Helfende. Suizide bei Tierärzt*innen, in: taz (21.10.2022), online unter: https://taz.de/Suizide-bei-Tieraerztinnen/!5804411/ (abgerufen am 13.03.2022).

54 https://www.sueddeutsche.de/wirtschaft/haustiere-corona-1.5260976 (abgerufen am 15.06.2022).

55 Heinrich Böll Stiftung (Hrsg.): Fleischatlas 2021, Artikel: Schlachthöfe in Deutschland. Klima der Angst, S. 38–39, hier 38, online unter: https://www.boell.de/sites/default/files/2021-01/Fleischatlas2021_0.pdf (abgerufen am 13.03.2022).

56 Vgl. https://www.peta.de/neuigkeiten/reiterin-schlaegt-pferd-olympia/ (abgerufen am 13.02.2022).

57 Vgl. Julia Enxing: Der Zusammenhang von konstruierter Andersartigkeit und Gewalt. Über religiös legitimierte Abwertungen des Nicht-Menschlichen und Nicht-Männlichen, in: Simone Horstmann (Hrsg): Religiöse Gewalt an Tieren. Interdisziplinäre Diagnosen zum Verhältnis von Religion, Speziesismus und Gewalt, Bielefeld 2021, 77–106.

58 Vgl. https://www.greatapeproject.de/dresden-zoo/ (abgerufen am 13.01.2022). – Vgl. https://www.tagesschau.de/investigativ/panorama/hagenbeck-voelkerschau-rassismus-101.html (abgerufen am 13.01.2022). – Vgl. https://www.deutschlandfunknova.de/beitrag/hamburger-zoo-protest-gegen-fehlende-aufklaerungsarbeit-ueber-voelkerschauen-im-tierpark-hagenbeck (abgerufen am 13.01.2022). – Vgl. auch Jan Mohnhaupt: Der Zoo der anderen. Als die Stasi ihr Herz für Brillenbären entdeckte & Helmut Schmidt mit Pandas nachrüstete, München [2]2017. – Vgl. Jessica Ullrich/ Aline Steinbrecher (Hrsg.): Tiere und Unterhaltung. Themenheft der Zeitschrift »Tierstudien« 09/2016.

59 Vgl. Katja Ilken: Ist das ein Mensch? Afrikaner als Zoo-Attraktion, in: Der Spiegel, 12.12.2012, online unter: https://www.spiegel.de/geschichte/ota-benga-der-pygmaee-im-zoo-a-947824.html (abgerufen am 13.03.2022).

60 Vgl. Eske Wollrad: Der Weißheit letzer Schluss. Zur Dekonstruktion von »Weißsein«, in: polylog, online unter: https://them.polylog.org/4/cwe-de.htm (abgerufen am 12.02.2022)

61 Jens Soentgen: Ökologie der Angst, Berlin 2018, 13.

62 Vgl. Christiane Florin: Der Weiberaufstand. Warum Frauen in der katholischen Kirche mehr Macht brauchen, München [3]2017. – Kirchliche Dokumente wären hier viele anzuführen, besonders: Papst Johannes Paul II.: Ordinatio Sacerdotalis (1994), online unter: https://www.vatican.va/content/john-paul-ii/

de/apost_letters/1994/documents/hf_jp-ii_apl_19940522_ordinatio-sacerdotalis.html (abgerufen am 26.02.2022), oder aktueller: Kongregation für das Katholische Bildungswesen: »Als Mann und Frau schuf er sie«. Für einen Weg des Dialogs zur *Gender-Frage* im Bildungswesen, 2019, online unter: https://www.vatican.va/roman_curia/congregations/ccatheduc/documents/rc_con_ccatheduc_doc_20190202_maschio-e-femmina_ge.pdf (abgerufen am 26.02.2022).

63 Vgl. Bernd Ladwig: Politische Philosophie der Tierrechte, Berlin [2]2020.

64 Hilal Sezgin: Dürfen wir Tiere für unsere Zwecke nutzen?, in: APuZ 62. Jahrgang 8/9 (2020), 20. Februar 2012, 5–7. – Vgl. außerdem das sehr empfehlenswerte Werk: Hilal Sezgin: Artgerecht ist nur die Freiheit. Eine Ethik für Tiere oder warum wir umdenken müssen, München [4]2014.

65 https://weisser-ring.de/media-news/meldungen/20-11-2018-3 (abgerufen am 01.03.2022).

66 https://www.focus.de/panorama/welt/doppelt-so-viele-faelle-wie-2003-trauriger-rekord-in-indien-zahl-der-vergewaltigungen-steigt_id_4348881.html (abgerufen am 01.03.2022).

67 https://www.welthungerhilfe.de/hunger/kinder-und-hunger/ (abgerufen am 01.03.2022).

68 Vgl. Jes 11, 6–8.

69 Vgl. Leonardo Boff: Die Erde ist uns anvertraut. Eine ökologische Spiritualität. Aus dem Portugiesischen übersetz von Bruno Klein, Kevelaer 2010, Kap. 3 u. ö.

70 https://extinctionrebellion.de/veranstaltungen/berlin/die-gekreuzigte-erde/3115/ (abgerufen am 15.03.2022).

71 Vgl. Deutsche Bischofskonferenz (Hrsg.): Unser Einsatz für die Zukunft der Schöpfung. Klima- und Umweltschutzbericht 2021 der Deutschen Bischofskonferenz, Arbeitshilfen Nr. 327 (2021).

72 Vgl. Anneliese Herzig: Gold: Glanz und Schatten (04.03.2021), online unter: https://www.feinschwarz.net/gold-glanz-und-schatten/ (abgerufen am 14.03.2022).

73 Jens Soentgen: Ökologie der Angst, Berlin 2018, 127.

74 Fabian Scheidler: Der Stoff aus dem wir sind. Warum wir Natur und Gesellschaft neu denken müssen, München [2]2021, 132.

75 Fabian Scheidler: Der Stoff aus dem wir sind. Warum wir Natur und Gesellschaft neu denken müssen, München [5]1998, 135.

76 Albert Schweitzer: Die Ehrfurcht vor dem Leben. Grundtexte aus 5 Jahrzehnten, München [5]1998, 21.

77 Vgl. Julia Enxing: Gott im Werden. Die Prozesstheologie Charles Hartshornes, Regensburg 2013.

78 Bis 1990 galten Tiere laut BGB als »Sachen«. Der Rechtsstatus von Tieren ist nach wie vor ambivalent. § 90a BGB hält fest: »Tiere sind keine Sachen. Sie werden durch besondere Gesetze geschützt. Auf sie sind die für Sachen geltenden Vorschriften entsprechend anzuwenden, soweit nicht etwas anderes bestimmt ist.«

79 Der gesamte Artikel lautet: »Nature, or Pacha Mama, where life is reproduced and occurs, has the right to integral respect for its existence and for the maintenance and regeneration of its life cycles, structure, functions and evolutionary processes.
All persons, communities, peoples and nations can call upon public authorities to enforce the rights of nature. To enforce and interpret these rights, the principles set forth in the Constitution shall be observed, as appropriate.
The State shall give incentives to natural persons and legal entities and to communities to protect nature and to promote respect for all the elements comprising an ecosystem.«

80 Vgl. Ulrike Prinz: Wenn die Natur eigene Rechte bekommt, in: Neue Züricher Zeitung (16. 10. 2019), online unter: https://www.nzz.ch/wissenschaft/wenn-die-natur-eigene-rechte-bekommt-ld.1508483 (abgerufen am 04. 04. 2022).

81 Michael Korbmacher: Peripherie. Politik – Ökonomie – Kultur 38 (2018) 1, online unter: https://www.hsozkult.de/journal/id/z6ann-109872 (abgerufen am 04. 04. 2022).

82 Vgl. z. B Te Awa Tupua Act: Whanganui River Claim Settlement 2017, No. 7, Art 14 (1): »Te Awa Tupua is a legal person and has all the rights, powers, duties, and liabilities of a legal person«, online unter: https://www.legislation.govt.nz/act/public/2017/0007/latest/whole.html#DLM6831461 (abgerufen am 23. 06. 2022).

83 https://www.nachhaltigkeit.info/media/1326193120phpYJ8KrU.pdf?sid=e9phvs3dcn8ess7koqhltdhkh5 (abgerufen am 04. 04. 2022).

84 Vgl. Tilo Wesche: Die Rechte der Natur. Vom nachhaltigen Eigentum, angekündigt für 2022.

85 Vgl. Interview von Emil Franzinelli mit Eberhart Theuer, in: Tierbefreiung Nr. 62/März 2009, online unter: https://www.greatapeproject.de/hiasl-vgt/ (abgerufen am 11.02.2022).

86 Ich empfehle an dieser Stelle den Film »Gunda«: http://www.gunda-derfilm.de/#/ (abgerufen am 02.07.2022).

87 Eberhard Schockenhoff: Ethik des Lebens. Grundlagen und neue Herausforderungen, Freiburg i. Brsg. 2013, 596.

88 Vgl. zur Biokapitaldebatte auch: Michael Rosenberger: Eingebunden in den Beutel des Lebens. Christliche Schöpfungsethik, Münster 2022.

89 Vgl. Christina Berndt: »Wer Tiere liebt, sollte sie essen«, in: Süddeutsche Zeitung (23.04.2022).

90 Zur besonderen Beziehung von Mensch und Tier vgl. auch: Julia Enxing / Lena Scheidig: »... sie hat gemerkt, dass etwas mit mir nicht stimmt ...«. Sozialwissenschaftliche und theologische Zugänge zu Mensch-Tier-Begegnungen, in: Pastoraltheologie 111 (2022) 5–20.

91 Vgl. Zygmunt Bauman: Dialektik der Ordnung: Die Moderne und der Holocaust, Hamburg 1992. Aus dem Englischen von Uwe Ahrens.

92 So teile ich auch die Kritik an den Aktionen der Tierrechtsorganisation »peta« unter dem »Slogan«: »Der Holocaust auf Deinem Teller«. Auch die Kunstaktionen von Judy Chicago »the last extinction« müssen in dieser Hinsicht kritisiert werden. In ihrer Ausstellung vertritt sie die These, dass das aktuelle Artensterben sogar schlimmer sei (sic!) als die Shoa, da bei der Shoa immerhin einige überlebt haben, durch den Klimawandel manche Arten aber für immer ausgelöscht werden.

93 Sigurd Bergmann: Raum und Gerechtigkeit. Ethische Perspektiven eines großräumigen Umweltschutzes, in: Dietmar Hahlweg / Donat P. Häder / Sigurd Bergmann u. a.: Großräumiger Umweltschutz, hrsg. v. Verein für Ökologie und Umweltforschung, (Umwelt: Schriftenreihe für Ökologie und Ethologie 28), Wien 2002, 33–58, 45.

94 Vgl. Sigurd Bergmann: Raum und Gerechtigkeit. Ethische Perspektiven eines großräumigen Umweltschutzes, in: Dietmar

Hahlweg / Donat P. Häder / Sigurd Bergmann u. a.: Großräumiger Umweltschutz, hrsg. v. Verein für Ökologie und Umweltforschung, (Umwelt: Schriftenreihe für Ökologie und Ethologie 28), Wien 2002, 33–58, 47.

95 Albert Schweitzer: Die Ehrfurcht vor dem Leben. Grundtexte aus 5 Jahrzehnten, München [5]1998, 21–22.

96 Sigurd Bergmann: Raum und Gerechtigkeit. Ethische Perspektiven eines großräumigen Umweltschutzes, in: Dietmar Hahlweg / Donat P. Häder / Sigurd Bergmann: Großräumiger Umweltschutz, hrsg. v. Verein für Ökologie und Umweltforschung, (Umwelt: Schriftenreihe für Ökologie und Ethologie 28), Wien 2002, 33–58, 48.

97 https://news.un.org/en/story/2021/08/1097362 (Übersetzung J.E.; abgerufen am 06.06.2022). – Vgl. https://www.de-ipcc.de/250.php (abgerufen am 07.06.2022).

98 Klimakrise: Drastische Warnung der UN, 26.04.2022, online unter: https://www.dw.com/de/klimakrise-drastische-warnung-der-un/a-61591911 (abgerufen am 22.06.2022).

99 Vgl. zur der ungleichen Verteilung der Folgen der Klimakrise folgenden OECD-Report: Managing Climate Risks, Facing up to Losses and Damages, online unter: https://www.oecd-ilibrary.org/sites/55ea1cc9-en/index.html?itemId=/content/publication/55ea1cc9-en (abgerufen am 24.06.2022).

100 Vgl. OECD Environment Policy Paper No. 1: Climate and Carbon. Aligning Prices and Policies, 2013, online unter: https://read.oecd-ilibrary.org/environment-and-sustainable-development/climate-and-carbon_5k3z11hjg6r7-en#page4 (abgerufen am 24.06.2022).

101 https://sdgs.un.org/goals (abgerufen am 19.06.2022).

102 Ignatius von Loyola: Geistliche Übungen. Nach dem spanischen Autograph, Würzburg 2008, 236.1.

103 Vgl. UN World Water Development Report 2019, online unter: https://www.unwater.org/publications/world-water-development-report-2019/ (abgerufen am 05.06.2022). – Vgl. Christiane Fröhlich: Wasser und Sicherheit. Zwischen Konflikt und Kooperation, in: APuZ 71, Jahrgang, 12 (2021), 33–37.

104 Johannes Paul II.: 3. Generalversammlung des lateinamerikanischen Episkopats in Puebla (Mexico), 1979, in: Henrich Denzinger / Peter

Hünermann (Hrsg.): Kompendium der Glaubensbekenntnisse und kirchlichen Lehrentscheidungen, lateinisch – deutsch, Freiburg i. Brsg. [37]1991, 4632 (1153) sowie 4633 (1154).

105 Johannes Paul II.: Instruktion der Glaubenskongregation »Freiheit und Befreiung«, in: Henrich Denzinger / Peter Hünermann (Hrsg.): Kompendium der Glaubensbekenntnisse und kirchlichen Lehrentscheidungen, lateinisch – deutsch, Freiburg i. Brsg. [37]1991, 4760 sowie 4761.

106 »Der Klimawandel: Brennpunkt globaler, intergenerationeller und ökologischer Gerechtigkeit. Ein Expertentext zur Herausforderung des globalen Klimawandels« (Die deutschen Bischöfe. Kommission für gesellschaftliche und soziale Fragen / Kommission Weltkirche Nr. 29, hrsg. vom Sekretariat der Deutschen Bischofskonferenz, Bonn 2006).

107 Vgl. auch LS 162 sowie Benedikt XVI., Botschaft zum Weltfriedenstag 2010, 8:L'Osservatore Romano (dt.) Jg. 39, Nr. 52/53 (25. Dezember 2009), 5; AAS 102 (2010), 46; AAS 102 (2010), 45.

108 Vgl. Papst Franziskus: Enzyklika Laudato sí. Über die Sorge für das gemeinsame Haus, 24.05.2015, Nr. 202, online unter: https://www.vatican.va/content/francesco/de/encyclicals/documents/papa-francesco_20150524_enciclica-laudato-si.html (abgerufen am 25.06.2022).

109 Vgl. https://parentsforfuture.de/de/ (abgerufen am 13.06.2022).

110 Vgl. https://scientists4future.org/ (abgerufen am 13.06.2022).

111 Vgl. https://unter1000.scientists4future.org/de/selbstverpflich tung-verzicht-kurzstreckenfluege/ (abgerufen am 13.06.2022).

112 Vgl. https://www.churchforfuture.com/ (abgerufen am 13.06.2022).

113 Vgl. https://christians4future.org/ueber-uns/ (abgerufen am 13.06.2022).

114 https://www.churchforfuture.com/ (abgerufen am 13.06.2022).

115 Vgl. https://www.bmuv.de/fileadmin/Daten_BMU/Download_PDF/Klimaschutz/paris_abkommen_bf.pdf (abgerufen am 13.06.2022).

116 Heiliger Stuhl tritt UN-Klimarahmenkonvetion bei«, in: Vatican News (06.07.2022), online unter: https://www.vaticannews.va/de/vatikan/news/2022-07/heiliger-stuhl-abkommen-paris-klima-beitritt-diplomatie.html (abgerufen am 04.08.2022)

117 https://christians4future.org/ (abgerufen am 13.06.2022).

118 https://christians4future.org/ueber-uns/ (abgerufen am 13.06.2022).

119 Vgl. – auch zu diesen und weiteren Forderungen: https://christians4future.org/christians4future/ (abgerufen am 15.06.2022).

120 Vgl. https://christians4future.org/christians4future/ (abgerufen am 15.06.2022). – Vgl. Lea Dohm / Felix Peter / Katharina van Bronswijk (Hrsg.): Climate Action. Psychologie der Klimakrise. Handlungshemmnisse und Handlungsmöglichkeiten, Gießen 2021. – Vgl. Katharina van Bronswijk / Christoph Hausmann (Hrsg.): Climate Emotions. Klimakrise und psychologische Gesundheit, Gießen 2022. – Vgl. »Wir brauchen Panik auf der Titanic«, in: Taz.Futurzwei. Magazin für Zukunft und Politik. 21/2022, 50–51.

121 Vgl. https://unsdg.un.org/2030-agenda/universal-values/leave-no-one-behind (abgerufen am 17.06.2022).

122 »Vgl. Papst Franziskus: Enzyklika Laudato sí. Über die Sorge für das gemeinsame Haus, 24. 05. 2015, Nr. 14, online unter: https://www.vatican.va/content/francesco/de/encyclicals/documents/papa-francesco_20150524_enciclica-laudato-si.html (abgerufen am 25.06.2022).«